SIÈCLE
DE
LA RAISON,

SECONDE PARTIE,

OU

RECHERCHES ET REFLEXIONS

SUR LA THÉOLOGIE

VRAIE ET FABULEUSE,

TRADUIT DE L'ANGLAIS DE

THOMAS PAYNE,

Ex-Député à la Convention nationale, Auteur des Droits de l'Homme, du Sens commun, de la première partie du Siècle de la Raison, etc., etc.

A PARIS,

Chez { J. B. LOUVET, Libraire, Palais Egalité, N°. 534.
La Citoyenne GOBEAS, Imprimeur-Libraire, rue Neuve des Petits-Champs, au coin de celle de la Loi, N°. 741.
Tous les Marchands de Nouveautés.

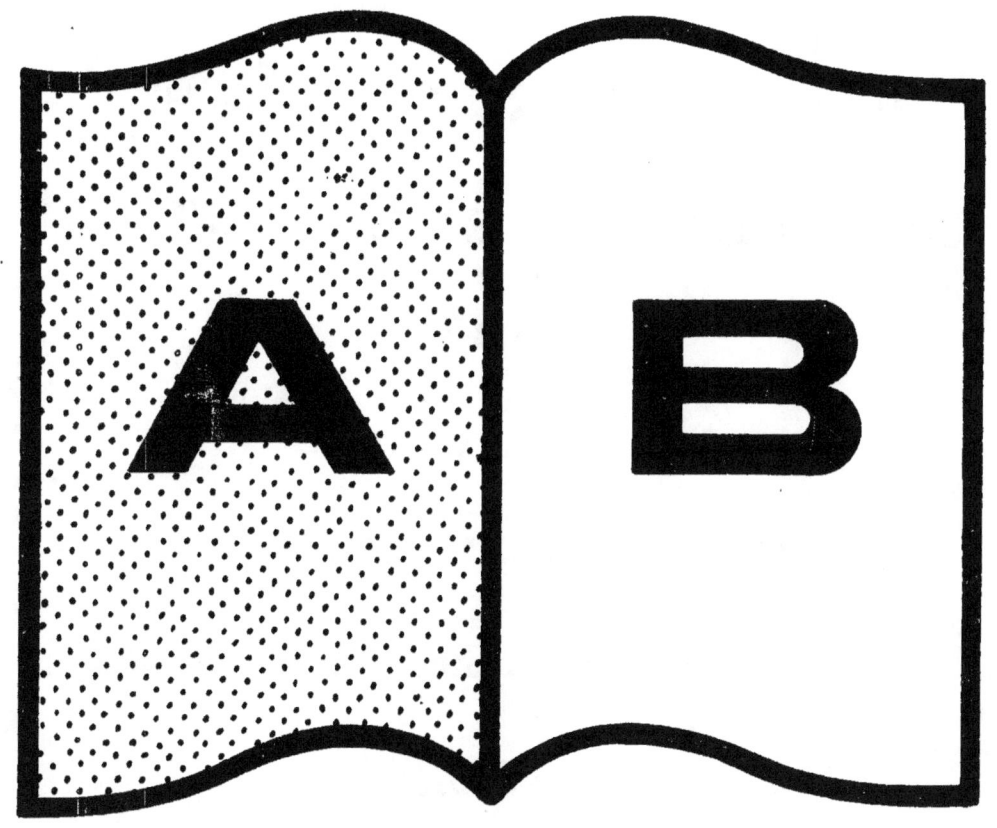

Contraste insuffisant

NF Z 43-120-14

A

THOMAS PAYNE,

LE FONDATEUR ET LE SOUTIEN

DE

LA LIBERTÉ

DE L'ANCIEN ET DU NOUVEAU MONDE.

Cette Traduction du Siècle de la Raison,

a été dédiée.

l'an 4me. de la République française,

PAR

UN VÉRITABLE AMI,

PAR

UN SINCERE ADMIRATEUR

De ses lumières et de ses vertus.

PRÉFACE.

J'AI manifesté dans la première partie de cet ouvrage, l'intention que j'avais de publier mes opinions religieuses, mais j'ai promis aussi que ce seroit mon dernier ouvrage. L'état particulier de la France vers la fin de 1793 me détermina à ne plus retarder cette publication. Ces principes justes et humains, qui prirent leur origine dans la philosophie, qui furent disséminés et répandus par elle, étoient alors perdus de vue. L'idée à la fois dangereuse pour la société et dérogatoire à la toute puissance du créateur, que les prêtres pouvoient absoudre de tout peché, cette idée, dis-je, quoiqu'elle parût n'exister plus, avoit émoussé tous les sentimens d'humanité, avoit par cela même, préparé les hommes à commettre tous les crimes. L'esprit intolérant de la persécution ecclésiastique, s'étoit converti en intolérance politique. Les tribunaux dit révolutionnaires et la guillotine, avoient remplacé l'inquisition et le bucher. Plusieurs de mes meilleurs amis furent immolés; d'autres furent de jour en jour incarcérés, tout même me portoit à croire, tout m'assuroit que je partagerois leur souffrances.

Dans cette position critique à la vérité, je commençai la première partie de cet ouvrage. Je refutai et la bible, et l'ancien testament, sans avoir ni l'un ni l'autre devant les yeux; je fis néanmoins un ouvrage, auquel je défie, le croyant le plus zélé de l'histoire, sacrée à qui je permets de puiser sa refutation dans des livres que je n'avois nullement, de repondre. Vers le mois de décembre 1793, l'on proposa et l'on décréta l'exclusion des étrangers de la Convention. Nous n'étions que deux, Anacharsis-Cloots et moi-même; et je m'apperçus que Bourdon de l'Oise, qui fit à cette occasion, un long discours, le dirigeât plus particulièrement contre moi. Je pressentis que je ne jouirois encore de ma liberté que quelques jours de plus; je resolus d'en profiter pour conclure mon ouvrage. Six à sept heures après l'accomplissement de mon travail, les comités de Salut public et de Sûreté générale ordonnèrent mon arrestation, et me firent conduire comme *étranger* au Luxembourg. Je vis heureusement avant de m'y rendre, le citoyen *Joël Barlow*, à qui je confiai le manuscrit de mon ouvrage; et ne sachant quelle pourroit être en France la destinée ou de l'ouvrage ou de son auteur, je l'adressai aux citoyens des Etats-Unis d'Amérique.

Avec quel plaisir ne dois-je pas rendre ici justice aux personnes qui vinrent m'arrêter, et à l'interprête, chargé par le comité de sûreté générale de l'examen de mes papiers. Ils eurent pour moi, non seulement de l'honnêteté, mais du respect. Je n'oublierai pas non plus Benoît, concierge du Luxembourg. L'humanité avec laquelle il me traita, et qui ne m'étoit pas particulièrement réservé, a peut-être un peu contribué à le traduire au tribunal révolutionnaire, où il fut cependant acquitté.

Les américains, résidans alors à Paris, se rendirent en masse à la barre de la Convention, trois semaines après mon arrestation. Ils me réclamèrent comme leur compatriote et leur ami.

Le président Vadier, qui en sa qualité de président du comité de sûreté générale, avoit signé mon mandat d'arrêt, leur répondit » *que j'étois natif d'Angleterre* ! Je ne reçus plus aucune nouvelle quelconque, depuis cette époque jusqu'à la chûte de Robespierre, le 9 thermidor, 27 juillet 1794.

Deux mois avant ce mémorable événement, une fièvre suivant toutes les apparences, mortelle, me saisit. Je me félicitai alors d'avoir achevé la première partie de mon ouvrage. Je m'attendois bien peu à voir prolonger plus longtemps mon existence, les personnes qui m'entouroient, s'y attendoient encore moins que moi, et je fis alors l'essai de mes propres principes. Je me rappele avec autant de reconnaissance que de plaisir, les attentions amicales qu'ont eu pour moi mes trois camarades de chambre « *Joseph Vanhncle* de Bruges, *Charles Bastini* et *Michel Robyns* de » *Louvain* ». Il arriva que le docteur *Graham* et M. *Bond*, chirurgien, attachés l'un et l'autre au général *O'hara*, se trouvèrent alors au Luxembourg. Peut-être comme attachés au gouvernement anglais, me dispenseroient-ils de mes remerciemens, mais je ne puis m'en dispenser moi-même ; je n'oublierai ni leur bonté, ni celle du citoyen *Markoski*, medecin du Luxembourg.

Tout me porte à croire qu'à cette maladie je dois cependant mon existence. Parmi les papiers de *Robespierre*, s'est trouvé la note suivante :

» Demander que *Thomas Payne* soit décrété
» d'accusation pour l'intérêt de l'Amérique autant
» que de la France ». Je ne puis attribuer la non exécution de cette intention qu'à mon état maladif.

La Convention a réparé autant qu'elle a pu, toutes les injustices que j'ai éprouvé, en me rappelant d'une voix unanime et publique dans son sein. Je m'y suis rendu afin de prouver que je soutiens une injure, sans souffrir qu'elle porte atteinte à mes principes, ni à ma manière générale d'être.

L'abandon des vrais principes ne doit pas suivre leur violation; n'en doit certainement pas être l'effet immédiat. J'ai lu depuis mon élargissement plusieurs reponses à la première partie de mon ouvrage, faites et en Amérique et en Angleterre.

Si ces auteurs trouvent de l'avantage ou de l'amusement à me répondre, à coup sûr je ne les interromperai nullement. Qu'ils écrivent autant que bon leur semblera, et contre moi et contre mon ouvrage. Ils me rendent plus de services qu'ils ne croient. Ils découvriront cependant, en examinant cette seconde partie qui ne leur est nullement adressée comme réponse, qu'il leur sera nécessaire de recommencer leur travail. Semblable à l'araignée dont on détruit en quelques instans le long et frêle travail, ils doivent de nouveau filer leur toile. — Ils verront que j'ai cette fois-ci trouvé et bible et testament; et je ne puis m'empêcher de leur assurer que je les ai trouvés l'un et l'autre bien plus dénués de vérité que je ne m'y étois d'abord attendu. — Ma seule erreur dans la première partie de cet ouvrage, c'est l'opinion que j'ai énoncé relativement à quelques parties de l'ancienne histoire; j'en ai rendu un compte plus avantageux qu'elles ne méritoient,

Je remarquerai encore que mes antagonistes s'appuient tous plus ou moins sur ce qu'ils appelent *évidence sacrée* et *l'autorité de la Bible*. — Pourquoi donc confondre une dispute relative à l'authenticité de la chose, avec celle qui se rapporte aux doctrines parsiculières qui se sont manifestées. — Je fais mon possible pour arranger tellement les choses, que s'ils se disposent à écrire de nouveau, ils puissent savoir par où commencer.

SIÈCLE DE LA RAISON.

Combien de fois n'a-t-on pas dit, que la Bible fournit une preuve quelconque ; mais avant d'admettre que ce soit ainsi, l'on devroit, ce me semble, démontrer que la Bible elle-même est un composé de vérités ; car si le moindre doute s'élève sur l'authenticité de cet ouvrage, il ne doit plus être cité comme autorité, il ne peut plus être admis en preuve.

Tous les commentateurs de la Bible, les prédicateurs et prêtres, l'ont toujours présenté comme une masse d'éternelles vérités, comme la loi de l'Être Suprême. Les significations infiniment variées et différentes qu'ils attachoient aux différens passages de la Bible, leur ont fourni des sujets continuels de dispute et de proscription. Celui-ci soutenoit que tel passage avoit telle signification ; celui-là, que le sens en étoit totalement différent ; et un troisième différoit en façon de penser, des deux premiers et expliquoit la chose à sa manière. Voilà ce qu'ils appeloient *comprendre*, savoir *à fond la Bible*. Toutes les réponses à ma première partie sont écrites par des prêtres. Ces hommes pieux, semblables à leurs prédécesseurs, se disputent, s'efforcent d'expliquer ou de comprendre la Bible. Chacun la comprend à sa manière, chacun la comprend mieux que tout autre ; mais en général ils conviennent tous que Thomas Payne ne la comprend pas du tout.

Mais au lieu de perdre un temps précieux dans de vaines et inutiles contentions, sur des points de doctrine particulière, ces hommes devroient savoir, et je le crois de mon devoir, de leur faire sentir qu'ils auroient d'abord dû déterminer s'il y a autorité suffisante pour croire que la Bible est la parole de l'Être Suprême.

Nous y trouvons l'histoire de quelques faits, de quelques actions opérées d'après l'ordre immédiat et positif de Dieu, qui répugnent autant à l'humanité et à toutes nos idées de justice morale que les atrocités de *Robespierre*, *Carrier*, *Joseph Lebon*, que les horreurs commises par le gouvernement Britannique dans les Indes Orientales, ou par tout autre assassin de nos temps.

Pouvons-nous traiter de faits, et recevoir comme vérités le compte qui nous est rendu dans les livres de Moïse, Josué, etc. Nous y apprenons que les *Israélites* descendoient furtivement et d'une manière hostile chez des nations qui ne leur étoient nullement ennemies, qu'ils *égorgèrent ces nations*, qu'ils *n'épargnèrent* ni la *vieillese*, ni *l'enfance*, qu'ils *détruisirent entièrement* les *hommes*, les *femmes* et les *enfans*. Pouvons-nous nous convaincre que le Créateur ait pu donner de pareils ordres, ou que l'histoire de leur exécution soit écrite d'après son autorité.

L'antiquité d'un conte n'en démontre nullement la vérité, elle prouve plutôt que ce conte n'est pas véritable ; car plus une histoire quelconque est ancienne, plus elle approche, en apparence, de la fable. L'origine de toutes les nations est enseveli dans des traditions fabuleuses; sans doute celui des Juifs ne doit pas être la seule exception.

Avons-nous réfléchi, ou pouvons-nous assez le faire, que nous accusons l'Être tout-puissant des faits les plus graves, que nous lui attribuons les crimes les plus révoltants ; *l'assassinat*, et plus particulièrement encore *l'assassinat des enfans*.

La Bible nous assure qu'ils furent exécutés par l'ordre positif de Dieu. Il faut donc, pour croire aveuglément à la Bible, renoncer à toute notre croyance dans la justice morale de Dieu; car, de quoi pourroit-on accuser l'Être en apparence et en réalité le plus innocent, l'enfant qui naît !!

Qui plus est, pour pouvoir lire la Bible sans horreur, sans effroi, il faut nécessairement écarter de soi les sentimens de tendresse et de sympathie qui remplissent le cœur de l'Être bienfaisant. Quant à moi, le sacrifice que je ferois nécessairement en croyant à la Bible, m'est une preuve assez frappante de sa non-authenticité. Mais j'ajouterai à toute cette évidence morale, tant de preuves physiques auxquelles l'être le plus partial ne pourra répondre, et qui démontreront que la Bible ne doit pas être reçue comme parole de Dieu.

Mais avant d'entreprendre cet examen, discutons un peu les points dans lesquels la Bible diffère des autres écrits anciens. Considérons qu'elles seroient les preuves nécessaires pour établir l'authenticité de l'ouvrage; ceci est d'autant plus important, que mes antagonistes ne cessent de répéter que l'authenticité de la Bible est aussi clairement prouvée que celle de tout autre livre ancien. Comme si la foi que nous attachons à un de ces ouvrages, mèneroit à l'aveugle croyance de tous les autres.

Je ne connois cependant qu'un ouvrage ancien qui réunisse tous les suffrages, et dont l'authenticité soit généralement admise. Les *Élemens de Géométrie* d'*Euclide* sont absolument indépendans de l'auteur, et n'ont aucun rapport quelconque avec le temps, le lieu et les circonstances. Ils prouvent eux-mêmes leur propre authenticité; ils démontrent eux-mêmes les vérités qu'ils contiennent. Ces élémens seroient aussi généralement reçus, fussent-ils écrits par tout autre qu'Euclide, eût-il même gardé l'anonyme. Le crédit que nous donnons au contenu du livre, ne dépend nullement de la connoissance que nous avons de l'auteur.

Mais il en est tout autrement des livres de *Moyse*, *Josué*, etc. ce sont des ouvrages qui parlent en témoins et qui rendent compte de choses absolument incroyables. Toute notre croyance doit ici s'appuyer d'abord sur la certitude que nous avons que ces ouvrages sont de Moyse, Josué, etc.; et en second lieu sur la foi que nous ajoutons à leur témoignage. Peut-être serons-nous convaincu qu'ils en sont les auteurs, sans croire au témoignage qu'ils rendent; de même que nous pourrions croire à l'existence d'un témoin sans ajouter de foi à ce qu'il auroit témoigné. Mais si nous pouvions démontrer que les livres attribués à *Moyse*, *Josué*, etc. etc. ne sont pas écrits par eux, toute leur authenticité disparoît sur-le-champ. Nous ne pourrons croire à un témoignage anonyme et faux; nous y croirons d'autant moins qu'il porte sur des faits naturellement incroyables, tel que celui de la conversation entre Dieu et Moyse, ou bien celui de l'arrêt subit du cours du Soleil, de la Lune et autres planètes, en conséquence de l'ordre à eux donné par un homme quelconque.

Le plus grand nombre des ouvrages anciens sont des productions de génie. Dans celles attribuées à Homère, Cicéron, Démosthène, Platon, Aristote, etc. le génie qui éclate par-tout, et nullement le nom de l'auteur, est le gage de leur authenticité; ces ouvrages auroient à nos yeux tout autant de mérite, fussent-ils anonymes. Personne n'ajoute foi au compte que rend *Homère* de la guerre de *Troie*. On admire dans cet ouvrage, les talens de son auteur. Le mérite lui en restera malgré que l'histoire soit fabuleuse. Mais il n'en est pas de même de la

Bible et de ses Auteurs. Si nous ajoutons aussi peu de foi à la tradition de *Moyse* qu'à celle que nous donne *Homère*, nous ne verrons plus dans ce premier qu'un vil imposteur. Quant aux historiens anciens depuis *Hérodote* jusqu'à *Tacite*, nous recevons leur témoignage tant qu'il nous paroit croyable et dans l'ordre des choses; nous ne le croyons plus dès qu'il devie de ce qui seroit vrai et probable. Car si nous prenions pour vérités indistinctement tout ce que ces auteurs rapportent, nous croirions donc aux deux miracles opérés par l'empereur *Vespanien*, qui, à ce que nous dit *Tacite*, guérit de même que *Jesus-Christ*, un boiteux et un aveugle. Nous croirions aussi à *Joseph*, qui nous dit que la mer de Pamphile, semblable à la mer rouge, dans le livre d'*Exode*, s'est partagée pour livrer passage à l'armée d'*Alexandre*. Il est évident par ce que nous venons de dire, que nous n'ajoutons de foi aux faits qui nous paroissent un peu sortir du naturel, soit que ces faits se rencontrent dans la Bible ou ailleurs, qu'autant qu'ils sont attestés d'une manière évidente et vraisemblable. Nous croyons à tout ce qui est possible ou probable, à tout ce qui porte avec foi l'empreinte de la vérité, comme les ouvrages d'*Euclide*. Nous admirons toute l'élégance et la richesse d'*Homère*, le calme de *Platon*, le jugement d'*Aristote*.

Après ce court examen, passons à celui de l'authenticité de la Bible; commençons par les cinq livres dits de Moyse, savoir: la *Génèse*, l'*Exode*, le Lévitique, les Nombres et le Deutéronome. Je me propose de prouver qu'ils ne sont certainement pas l'ouvrage de Moyse; je dirai plus, qu'ils n'ont été écrits que quelques siècles après celui où vivoit *Moyse*, et qu'ils ne sont qu'une sorte d'histoire de son siècle et des siècles antérieurs. Ils sont évidamment l'ouvrage de quelque mal-adroit, qui desiroit devenir auteur, et qui comme ceux de nos jours, rapporte et décrit aujourd'hui ce qui est arrivé il y a quelque centaines, ou même quelques milliers d'années !!

Je ne puiserai mes moyens d'attaque, mes preuves de la non authenticité de l'ouvrage, que dans l'ouvrage même. Je ne veux pas, en citant le témoignage des auteurs que les partisans de la Bible appellent *profanes*, courir le risque de représailles ; je ne veux pas les mettre à même de rejetter mon témoignage, de la même manière que je combats et détruis le leur. Je les attaquerai avec leurs propres armes et sur leur propre terrain ; je détruirai la Bible par la Bible même.

D'abord, il n'y a aucun témoignage affirmatif qui porte que *Moyse* soit l'auteur de ces livres. L'opinion qu'il l'est s'est répandue et s'est accréditée, l'on ne sait par quels moyens. La manière dont ces écrits sont faits, leur style, donne tout lieu à croire qu'ils ne sont point de *Moyse*. Ils paroissent bien plus être l'ouvrage de quelqu'autre qui parle de *Moyse*. Les livres de l'*Exode*, du *Lévitique* et des *Nombres*, parlent depuis le commencement jusqu'à la fin à la troisième personne ; par exemple : » le Seigneur dit » à Moyse, ou *Moyse* dit au *Seigneur*, le peuple » dit à *Moyse*, ou Moyse dit au peuple ». Ce style appartient certainement à celui qui décrit la vie et les actions d'un autre. Peut-être m'objectera-t-on qu'on peut parler de soi à la troisième personne ; et que par conséquent on peut supposer et croire que *Moyse* parla de la sorte ; mais une pure et simple supposition ne peut pas être admise en preuve ; et si les partisans de Moyse, ou bien ceux qui veulent que ces ouvrages soient de lui, ne peuvent pas produire de meilleures preuves, ils feront tout aussi bien de n'en pas produire du tout.

Mais accordons pour un instant à *Moyse* ce droit grammatique de parler de lui à la troisième personne ; nous verrons qu'il ne le fait qu'en se rendant absolument absurde et ridicule, par exemple : Livre des Nombres, chap. XII, verset 3, *Moyse* étoit de tous les hommes le plus doux qui fut sur la terre. Si *Moyse* rendoit ainsi compte de lui-même, je maintiens que *Moyse* loin d'être humble et doux étoit l'homme le plus vain, le plus arrogant. Que ses partisans prennent actuellement le parti qu'ils voudront, ils auront également tort. Si *Moyse* n'est pas l'auteur de cet ouvrage, leur authenticité disparoît ; s'il en est l'auteur, on ne peut plus y ajouter foi ; car se vanter de sa propre humilité, c'est se montrer bien loin d'être humble ; la fausseté, si elle n'existe pas ailleurs, éclate au moins du côté du sentiment !!

Dans le livre du *Deutéronome*, le style prouve plus encore que celui des autres livres, que Moyse n'en est pas l'auteur. Le style en est dramatique et théâtral. L'auteur, après un petit discours préliminaire, introduit Moyse dans l'art de parler ; son discours fini, l'auteur reprend de nouveau, est de nouveau succédé par Moyse, et finit enfin par rendre un compte détaillé de la mort, des funérailles, et du caractère de Moyse. Ce livre contient quatre différentes orations ou harangues. L'auteur parle lui-même dans les cinq premiers versets du premier chapitre ; Moyse commence alors un discours qui remplit jusqu'au quarantième verset du quatrième chapitre. L'auteur reprend ici, et rapporte historiquement tout ce qui s'est fait en conséquence des discours de Moyse, et des instructions qu'il a donné pendant sa vie, et dont l'auteur parle et rend compte d'une manière à-la-fois historique et dramatique.

L'auteur recommence au premier verset du cinquième chapitre, en disant que Moyse convoqua le peuple d'Israël ; Moyse reprend et ne finit son oration qu'avec le vingt-sixième chapitre. Le discours recommence avec le vingt-septième chapitre et finit avec le vingt-huitième. Le vingt-neuvième chapitre est commencé par l'auteur, qui, vers le milieu du second verset, introduit Moyse pour la dernière fois, et le fait parler jusqu'à la fin du trente-troisième chapitre.

L'auteur reprend ce récit dans le dernier chapitre, nous dit que Moyse apperçut du sommet du mont Phasgah, la terre que l'écrivain dit avoir été promise à Abraham, à Isaac et à Jacob ; que Moyse y mourut dans la terre de Moab, qu'il y fut enterré dans une vallée, mais que personne n'avoit jusqu'à ce jour découvert son tombeau ; l'auteur nous instruit que Moyse, lors de sa mort, avoit cent vingt ans, que sa vue n'étoit pas trouble, ni ses forces naturelles abbattues, et finit en nous disant qu'il ne s'est montré en Israel depuis Moyse aucun prophète aussi grand que lui, qui, suivant cet auteur anonyme, avoit parlé au *Seigneur face à face*. Ayant ainsi démontré aussi clairement qu'il est possible de le faire, par l'évidence grammatique, que ces ouvrages ne sont point de Moyse, je ferai quelques observations sur les nombreuses contradictions que nous offre le livre du Deutéronome, et je prouverai d'après des faits de chronologie et d'histoire, que Moyse n'étoit ni ne pouvoit être auteur de ces livres. Nous ne serons plus alors tenus de croire que ces horribles massacres d'hommes, de femmes et d'enfans, dont ils rendent compte, aient été exécutées d'après l'ordre exprès de

Dieu. Je crois qu'il est du devoir de tout vrai déiste, de réfuter de tout son pouvoir les rapports calomnieux de la Bible.

L'auteur du livre du *Deutéronome*, qui garde l'anonyme, rend un compte obscur et inexact de Moyse.

Après nous avoir dit que Moyse monta au sommet de Phasgah, il ne nous apprend pas qu'il en soit descendu, mais nous informe que Moyse mourut là, dans la terre de Moab, et qu'il l'y enterra, dans une vallée de ce pays. Comme il n'y a aucun antécédent qui puisse se rapporter avec ce pronom *il* (il l'enterra), il est impossible de conjecturer qui l'enterra. Si l'écrivain veut que ce mot *il* se rapporte à Dieu; comment auroit-il pu se faire que l'auteur ait appris que ce fut Dieu qui l'enterra; certes, Moyse mort et enterré ne pouvoit pas l'en instruire, et plus certainement encore nous ne devons pas croire au témoignage d'un inconnu qui garde l'anonyme. L'auteur nous dit encore qu'on ignore jusqu'à ce jour, c'est-à-dire (celui où il écrivoit) où étoit le tombeau de Moyse; comment donc peut-il nous assurer que Moyse est enterré dans un vallon de la terre de Moab. Il est d'abord évident que l'auteur vivoit long-temps après Moyse; son expression, jusqu'à ce jour, implique que l'époque à laquelle il écrivoit étoit éloignée de celle de la mort de Moyse; il n'en auroit pas pu être témoin oculaire. D'un autre côté, il est impossible de faire dire à Moyse que personne ne sait jusqu'à ce jour où est placé son tombeau !! Moyse en cela faisant ressembleroit à ces enfans qui se cachent et crient à haute voix, personne ne peut me trouver. Personne ne peut trouver Moyse.

L'auteur ne nous dit pas non plus où il recueilla les discours qu'il fait prononcer à *Moyse*; nous sommes donc en droit de conclure, qu'il les composa lui-même ou qu'ils lui furent verbalement communiqués. Ceci est d'autant plus probable, qu'il nous transmet dans son cinquième chapitre une table de loix ou commandemens, dans laquelle le quatrième commandement diffère absolument du quatrième, du vingtième chapitre d'*Exode*. Ce dernier motive l'observation stricte et solemnelle du septième jour qui nous est enjoint, sur ce que Dieu fit en six jours le ciel et la terre, et se reposa de son travail le septième ; tandis que le livre du *Deutéronome* nous dit que c'est parce que les Israélites sortirent d'Égypte ce jour-là. Ce dernier ne parle nullement de la création, ni le premier de la sortie d'*Egypte*. Nous trouvons aussi dans ce livre des lois attribuées à *Moyse*, qui ne se trouvent nul part ailleurs ; telle, par exemple, que cette cruelle loi (chapitre XXI, versets 18, 19, 20, 21) qui autorise les parens, les pères et mères, de faire lapider leurs enfans, pour ce qui est appellé opiniâtreté !

Mais les prêtres n'ont cessé de parler du livre du *Deutéronome*, parce que ce livre autorise les dîmes ; ils ont appliqué aux dîmes cette phrase du chapitre XXV, verset 4, qui dit : « Vous ne lierez point la bouche du bœuf qui foule vos grains dans l'aire ». Qui plus est, ils l'ont mis à la tête du chapitre dans la table du contenu, afin qu'il n'échappe pas à l'observation (1).

O ! *prêtres*, *prêtres*, peu vous importoit qu'on vous comparât au bœuf, pourvu que comme lui vous puissiez dévaster et dévorer avec impunité le bled du cultivateur. Il nous sera impossible de découvrir le nom de l'auteur

---

(1) Ceci est vrai pour la Bible *Anglaise* et même pour quelques éditions *Françaises*. Mais il n'en est pas ainsi pour la Bible de Sacy.

du livre du *Deutéronome* ; mais rien n'est moins difficile que d'appercevoir que c'étoit quelque prêtre Juif, qui vécut, comme je le prouverai dans le cours de cet ouvrage, au moins 350 ans après *Moyse*.

Mais parlons maintenant du témoignage historique et chronologique que nous puisons dans la Bible pour la réfuter; car la Bible elle-même nous fournira des preuves que *Moyse* n'écrivit point les livres qui lui sont attribués. J'instruirai ici mes lecteurs, que sur la marge des feuilles de presque toutes les Bibles se trouve une table chronologique qui montre combien l'époque de chaque évènement est distante de la naissance de *Jesus-Christ*, et par conséquent combien les évènemens sont distans entre eux les uns des autres.

Commençons par le livre de la Genèse. L'auteur nous dit dans le quatorzième chapitre, que *Lot* fut fait prisonnier dans la bataille des quatre rois contre les cinq autres. Qu'*Abraham*, lorsqu'il apprit cette nouvelle, arma tous ses gens, accourut aux secours de *Lot* et poursuivit ses ennemis jusqu'à *Dan*. (vers. 14.)

Afin de bien faire sentir la conclusion que je veux tirer de cette expression : « il les poursuivit jusqu'à *Dan* », je sortirai pour quelques instans de mon sujet, et j'aurai recours à deux circonstances, dont l'une a eu lieu en Amérique, et l'autre en France. La ville appellée « New-York » en Amérique, étoit, dans le principe, appellé « New-Amsterdam »; et la ville qu'on a appellé en France depuis peu « Havre-Marat » étoit jadis appellé *Havre-de-Grace*. *New-Amsterdam* prit le nom de *New-York* en 1664, et *Havre-de-Grace* celui de *Havre-Marat* en 1793.

Si donc on découvroit des écrits dans lesquels il seroit fait mention de *New-York*, il seroit incontestable que ces écrits n'auroient été faits que depuis que *New-Ams-*

terdam a pris le nom de *New-York*, et par conséquent depuis l'an 1664. Et de même tout écrit sans date, qui feroit mention du *Havre-Marat*, n'aura pu être fait que depuis que le nom de *Havre-Marat* a remplacé celui de *Havre-de-Grace*, c'est-à-dire, depuis 1793 ou dans le courant de cette année.

Je viens maintenant à l'application de ce principe, et je démontre que la ville appellée *Dan* n'a été nommée ainsi que plusieurs années après la mort de *Moyse*; et que par conséquent *Moyse* n'a pas écrit le livre de la *Genèse*, qui rend compte de la poursuite des ennemis jusqu'à *Dan*. La ville appellée *Dan* dans la Bible, étoit originairement une ville des *Gentils*, appellée *Laïs*; la tribu de *Dan* s'en empara et l'appella *Dan* en l'honneur de *Dan*, père de cette tribu, et arrière-petit fils d'*Abraham*. Pour établir cette preuve, examinons un peu le dix-huitième chapitre du livre dit des Juges. Nous y lirons (vers. 27.) « Le peuple de la tribu de *Dan* étant » venu à *Laïs*, trouvèrent un peuple qui se tenoit en as- » surance et en plein repos. Ils firent passer au fil de l'é- » pée tout ce qu'il se trouva dans la ville, ils y mirent » le feu; et l'ayant rebâtie ils y demeurèrent et ils » l'appellèrent *Dan*, du nom de leur père, au lieu » qu'auparavant elle s'appelloit *Laïs* ». Nous trouvons l'histoire de la prise de *Laïs* et du changement du nom de la ville en *Dan* dans le livre des *Juges*, immédiatement après la mort de *Samson*. La mort de *Samson* est dite avoir eu lieu 1120 ans avant la naissance de *Jesus-Christ* et celle de *Moyse* 1451 ans avant cette époque; donc la ville n'a été appellé *Dan* que 331 ans après la mort de *Moyse*.

Il y a une contradiction frappante entre les parties historiques et chronologiques du livre des Juges. Les cinq derniers chapitres, XVII, XVIII, XIX, XX, XXI, ont des dates antérieures à celles de tous les chapitres précédens.

Ces chapitres font mention de dates éloignées de vingt-huit ans du seizième chapitre, de deux cents soixante-six avant le quinzième, deux cents quarante-cinq avant le treizième, cent quatre-vingt-quinze avant le neuvième, quatre-vingt-dix avant le quatrième et quinze ans avant le premier chapitre. Ceci prouve combien la Bible est inexacte et fabuleuse. Suivant l'état chronologique, la prise de *Laïs* et son changement de nom arriva vingt ans après la mort de *Josué*, successeur de *Moyse* ; tandis que l'arrangement historique du livre porte cet événement à trois cents six années après la mort de *Josué*, et à trois cents trente-un après celle de *Moyse*. Quoiqu'il en soit, l'un et l'autre prouve que *Moyse* n'étoit pas auteur du livre de la *Genèse* ; parce que l'un et l'autre démontrent que la ville de *Dan* n'existoit pas du temps de *Moyse* ; que par conséquent ce livre n'a pu être l'ouvrage que de quelqu'un qui vivoit après que la ville de *Laïs* avoit pris le nom de *Dan*, et qu'enfin cet ouvrage anonyme est entièrement sans autorité quelconque.

Mais je citerai un nouveau point d'histoire et de chronologie, qui prouvera non moins évidemment que le premier, que *Moyse* ne peut pas être auteur du livre de la *Genèse*.

Dans le trente-sixième chapitre de la *Genèse* se trouve la généalogie des fils et des descendans d'*Esau*, connus sous le nom d'*Edomites*, et en même-temps l'on y trouve la liste des rois d'Edom, en parlant desquels il est dit : (vers. 31.) « les rois qui régnèrent au pays d'*Edom* » avant que les enfans d'Israël eussent un roi, furent » ceux-ci » !

Si l'on découvrit un écrit quelconque sans date, dans lequel l'auteur, en rendant compte d'un évènement, nous diroit que telle chose est arrivé avant l'établissement du congrès d'Amérique, ou de la convention en France, ce seroit une preuve certaine que l'écrit n'a été fait que depuis la formation du congrès ou de la convention; et que par conséquent l'auteur de l'ouvrage n'a pu mourir avant l'établissement du congrès ou de la convention.

Rien n'est plus commun que d'avoir recours à un fait, pour fixer la date d'un évènement quelconque. Il est d'autant plus naturel de le faire, qu'un fait s'imprime d'une manière plus stable sur notre ressouvenir, qu'une simple date; de plus, le fait contient, renferme en lui nécessairement la date, et par conséquent nous offre deux idées au lieu d'une. Cette manière de fixer une date par un fait quelconque, implique d'une manière positive, que le fait auquel on a recours a eu lieu. Ainsi lorsqu'on dit, telle chose est arrivé avant mon mariage, avant mon voyage en *Amérique*, on apprend nécessairement que la personne s'est marié ou a été en Amérique. On ne peut se servir de ce genre d'expression d'une manière autre que celle-ci, ainsi l'on ne doit attacher à ce mode d'expression, par-tout où on le trouvera, que le seul sens qui puisse lui convenir.

Le passage donc que j'ai cité, et qui porte que « les » rois qui régnèrent au pays d'*Edom* avant que les en- » fans d'*Israël* eussent un roi », n'a pu être écrit qu'après le commencement du règne de leur premier roi. Donc le livre de la *Genèse*, bien loin d'être l'ouvrage de Moyse, n'a pu être écrit que par quelqu'un co-temporain de Saül. Voilà le sens positif du passage; mais l'expression « *aucun roi* » présuppose plus d'un roi, et affirme l'existence de deux au moins; ceci rapporte la chose au temps de David ; et pris dans un sens plus général remonte à tous les temps de la monarchie Juive.

Si nous eussions rencontré ce passage dans une partie quelconque de la Bible, et que l'on eût daté l'ouvrage d'une époque postérieure au règne des rois d'Israel, l'application en auroit été évidente. C'est ce qui a eu lieu ; car les deux livres de Paralipomènes qui nous donnent l'histoire de tous les rois d'*Israel*, sont, de l'avis de l'auteur, écrits après le commencement de la monarchie Juive ; et le verset que j'ai cité et tous les versets suivans du trente-sixième chapitre de la Genèse, sont, mot pour mot, semblables au premier chapitre du livre des *Paralypomènes*, à prendre depuis le verset 43.

L'auteur de ce livre a pu dire avec raison (1. liv. Paralipomènes, 1 chap., verset 43) : « Voici les rois qui régnoient au pays d'Edom, etc. ». Il donne la liste des rois qui avoient régné sur le peuple d'*Israel*. Or, comme il est impossible que cette histoire ait été donnée avant cette époque, il est très-certain que la partie que je cite du livre de la *Genèse* est copié de celui des *Paralipomènes*, et que le livre de la Genèse n'est par conséquent pas aussi vieux que les œuvres d'Homère ou les Fables d'Esope ; car les Tables chronologiques nous disent qu'Homère étoit contemporain de David ou de Salomon, et qu'Esope vivoit vers la fin de la Monarchie Juive.

Mettons à part l'idée que nous avons, que Moyse étoit l'auteur du livre de la Génèse, perdons l'étrange croyance que nous avons, que ce livre est la parole de Dieu, et nous n'y verrons qu'un amas d'histoires, de fables, d'inventions absurdes et de mensonges évidens et directs.

Les contes d'Eve et du serpent, et de l'arche de

Noé, seront comparés avec raison aux milles et une nuits ; ils n'en différeront qu'en ce qu'ils ne sont nullement amusans. Comment croirions-nous plutôt à l'ouvrage qui nous assure que les hommes vivoient huit et neuf cents ans, qu'à la mythologie, qui dit que les géans sont immortels !!

Le caractère de Moyse, tel que nous le dépeint la Bible, est le plus affreux qu'on puisse imaginer. Moyse, suivant la Bible, entreprit le premier, les guerres de religion, il commit, sous ce prétexte, les atrocités les plus terribles, et dont aucune histoire ne nous offre un si effroyable exemple. Je n'en citerai qu'une seule.

Lors du retour de l'armée des Juifs, d'une excursion où ils n'avoient pas épargné le pillage et le meurtre, l'histoire continue ainsi, livre des Nombres, chap. xxi, vers. 13. Moyse, Éléazar, grand-prêtre, et tous les anciens de la synagogue sortirent donc au-devant d'eux hors du camp. Et Moyse se mit en colère contre les principaux officiers de l'armée, contre les tribuns et les centeniers qui venoient du combat, et leur dit : Pourquoi avez-vous sauvé les femmes ? ne sont-ce pas elles qui ont séduit les enfans d'Israel, selon le conseil de Balaam, et qui vous ont fait violer la loi du Seigneur, par le péché commis à Phagor, qui attira la plaie dont le peuple fut frappé. Tuez-donc tous les mâles d'entre les enfans mêmes, et faites mourir les femmes dont les hommes se sont approchés. Mais réservez pour vous toutes les petites filles et toutes les autres qui sont vierges !

Si cette histoire est véritable, Moyse tient certainement le premier rang parmi les scélérats, qui, à une époque quelconque, aient deshonoré le nom d'homme.

Car

Car Moyse donne l'ordre positif de massacrer les enfans mâles, d'assassiner leurs mères, et de débaucher les filles.

Qu'une mère se mette pour un instant à la place de ces mères infortunées ; qu'elle voie un de ses enfans assassiné, l'autre violé par des barbares, qu'elle soit elle-même livrée au bourreau. Qu'une fille quelconque prenne pour quelques momens la cruelle position de ces malheureuses filles ; qu'elle se voie livrée comme elles aux meurtriers de sa mère et de son frère ; quelles sensations éprouveront-elles l'une et l'autre ! Nous essayons en vain de contrarier la nature ; la nature, malgré nos efforts, suivra sa route ordinaire, et la religion qui cherche à l'en détourner, en rompant le lien social, est certainement fausse.

Cet ordre de sang, est suivi de l'histoire du pillage, du butin et du mode de partage, dans laquelle le catalogue des crimes est augmenté par tout ce qu'il y a de plus profane, tout ce qui peut caractériser de la manière la plus frappante l'hypocrisie des prêtres. Verset 37. Dont on réserva pour la part du Seigneur, six cents soixante et quinze brébis ; trente-six mille bœufs, dont on réserva soixante et douze ; trente mille cinq cents ânes, dont on en réserva soixante et un ; seize mille filles, dont trente-deux furent réservées pour la part du Seigneur.

En un mot, les faits contenus dans ce chapitre, sont comme bien d'autres que nous rapporte la Bible, trop horribles pour que l'être humain les lise sans frémir ; ou que celui à qui il reste le moins de décence les écoute sans horreur et effroi. Le verset 35 de ce chapitre, porte à trente-deux mille le nombre de jeunes femmes, livrées par l'ordre de Moyse, aux féroces soldats !

L'on ne sait pas en général combien d'atrocités nous offre l'ouvrage, qu'on appelle *la parole de Dieu*. Les hommes élevés dans la superstition, admettent sans réflexion la vérité et la bonté des principes que contient ce livre. En douter seroit pour eux un crime ; ils croient même trouver la bienveillance, la bonté qui caractérisent l'Être tout-puissant, dans l'ouvrage qu'on leur dit être écrit par ses ordres. Mais grand Dieu ! combien n'en est-il pas éloigné cet ouvrage, de tout ce qui est bienveillant et droit. L'on n'y trouve que mensonges, atrocités et blasphêmes ; car peut-il y en avoir de plus grand que d'attribuer à la toute-puissance tout ce que les hommes aient fait de plus atroce.

Mais pour revenir à mon sujet. Les deux preuves que j'ai cités suffiroient pour faire voir que Moyse n'est pas auteur des livres qui lui sont attribués, et que la Bible est absolument anonyme et sans autorité quelconque. J'ai assez détruit l'authenticité d'un ouvrage, qui prétend être plus vieux de quatre à cinq siècles que les faits dont il rend compte. Car, dans les deux cas, de la poursuite jusqu'à Dan, et des rois qui régnèrent sur le peuple d'Israel, l'on ne peut même prendre le prétexte de la prophétie ! L'auteur parle au prétérit, et personne ne pourra désavouer qu'on ne prophétise pas au prétérit.

Mais ces différens livres nous offrent un grand nombre de passages non moins frappans. Nous lisons dans le livre d'Exode, attribué aussi à Moyse, ch. XVI, verset 35. » Or, les enfans d'Israel mangèrent de la » manne jusqu'à ce qu'ils vinssent dans la terre où » ils devoient habiter, jusqu'à ce qu'ils entrassent

» sur les premières terres du pays de Chanaan ». Je ne me propose nullement d'examiner si les Israelites mangèrent ou ne mangèrent pas de la manne; je ne rechercherai pas non plus quelle étoit la nature de la manne, si c'étoit un fongus ou champignon, ou bien une substance végétale, particulière au pays. Je m'occuperai seulement à démontrer que Moyse n'a pu écrire cette histoire, parce que l'histoire rapporte des faits postérieurs à la vie de Moyse. A en croire la Bible, qui offre tant de contradictions et de mensonges évidens, qu'on peut à peine y ajouter foi; Moyse mourut dans le désert, et n'approcha jamais de la terre de Chanaan; il n'a parconséquent pas pu nous instruire de ce que les Israelites firent, et de ce qu'ils mangèrent. L'histoire de la manne, qui est attribuée à Moyse, remonte au contraire au temps de Josué, successeur de Moyse. Ceci est évident, d'après les détails circonstanciés que nous trouvons dans le livre de Josué, après que les Israelites eussent traversé la rivière du Jourdain, et qu'ils arrivèrent sur les bords de la terre de Chanaan. Josué, chap v, verset 12. » Et après qu'ils eurent mangé des fruits de la terre
» la manne cessa; ils n'usèrent plus de cette nour-
» riture, mais ils mangèrent des fruits que la terre
» de Chanaan avoit porté l'année-même. Mais nous trouvons un fait plus frappant encore dans le livre de Deutéronome, qui prouve d'abord que Moyse n'est pas auteur de ce livre, et qui nous donne une idée des notions fabuleuses qui prévalurent alors, relativement aux Géans. Nous trouvons dans le troisième chapitre du livre du Deutéronome, parmi les autres conquêtes de Moyse, le détail de la prise d'Og, roi de Basan. Verset 12. » Car Og, roi de Basan, étoit

» resté seul de la race des Géants. On montre encore
» son lit de fer dans Barbath, qui est une des villes
» des enfans d'Ammon. Il a neuf coudées de long et
» quatre de large, selon la mesure d'une coudée
» ordinaire ».

La coudée est un pied $\frac{888}{1000}$ pouces. La longueur du lit étoit donc de 16 pieds 4 pouces, et la largeur de 7 pieds 4 pouces. En voilà assez du lit du géant, revenons à la partie historique, qui, quoiqu'elle ne nous offre pas de preuves aussi positives que celles que nous avons donné dans les cas précédens, nous fournira des preuves corroborantes, pour le moins aussi fortes que toutes celles qu'on aura à nous opposer. L'écrivain, afin de nous prouver l'existence de ce géant, donne l'histoire de son lit, comme d'une relique, et dit : « Ne le trouve-t-on pas à » Rabbath (Rabbah) des enfans d'Ammon ? » Il prétend par cette manière d'expression, qui est particulière à la Bible, qu'il s'y trouve. Mais *Moyse* n'a pas pu parler de Rabbath, ni de ce que l'on y trouvoit. La ville de *Rabbath* n'appartenoit pas au roi géant ; et Moyse n'a point pris cette ville. La connoissance de l'existence de ce lit à Rabbath, et les détails de ses dimensions, etc. ne peuvent être rapportés qu'à l'époque de la prise de cette ville, c'est-à-dire, à peu-près quatre cents ans après la mort de Moyse ; ceci se voit dans le douzième chapitre du livre 2 des Rois, verset 26. » Joab continua à battre Rabbath, » ville des Ammonites, et prit cette ville royale ».

Comme je ne me propose nullement d'indiquer toutes les contradictions de temps, de lieux et de circonstances, que renferment les livres attribués à Moyse, et qui démontrent que ces livres ne sont point son ouvrage, ni même des ouvrages du siècle où il vivoit, je passe de suite au livre de Josué. Je prouverai que ce livre n'est pas de Josué, que c'est au contraire un écrit anonyme et inauthentique. Je ne combattrai tous ces ouvrages que par les faits qu'ils rapportent eux-mêmes. Un faux témoignage peut être allégué en preuve contre celui qui le porte.

Josué, suivant le premier chapitre du livre qui porte son nom, étoit le successeur immédiat de Moyse. Il étoit en outre élevé dans le militaire, et en ce point différoit de son prédécesseur.

Il gouverna pendant vingt-cinq ans le peuple d'Israël; c'est-à-dire depuis la mort de Moyse, qui d'après la chronologie de la Bible, arriva 1451 ans avant la naissance de Jésus-Christ, jusqu'à 1426 ans avant cette époque, temps auquel Josué mourut. Si dans cet ouvrage nous découvrons quelques faits qui n'ont eu lieu qu'après la mort de Josué, nous concluerons avec raison que Josué n'en est pas l'auteur ; mais bien que ce livre n'a pu être écrit qu'après le dernier événement dont il rend compte. Quant au livre en général, il porte avec lui l'empreinte horrible d'une histoire de pillage et de meurtres militaires, qui égale en cruauté ceux qu'on rapporte de son prédécesseur l'hypocrite Moyse. Il renferme, comme ceux-ci, le blasphème que nous avons déjà indiqué, et qui consiste à attribuer tous les crimes à l'ordre immédiat du Tout-Puissant.

Le livre de Josué est écrit comme les précédens, à la troisième personne ; c'est parconséquent l'historien de Josué qui parle. Car l'on avouera que Josué auroi été bien vain, bien orgueilleux, d'avoir dit de lui-même ce qu'on lit au dernier verset du chapitre cinquième, qui porte que » son nom devint célèbre par toute la » terre ». Je viens actuellement à des preuves plus frappantes.

Au vingt-quatrième chapitre, verset 31, il est dit : » Israel servit le Seigneur pendant toute la vie de » Josué et des Anciens, qui vécurent long-temps » après Josué ».

Comment, au nom du sens commun, se peut-il que Josué rende compte de ce qui est arrivé après sa mort ? Il faut non-seulement que ce livre soit l'ouvrage de quelqu'un qui vécut après Josué, mais d'un historien qui ne vivoit-même qu'après les successeurs de Josué.

Au surplus, ce livre est parsemé de passages qui n'ont qu'un sens général, qui rapportent des événemens qui ont eu lieu long-tems après Josué, mais qui ne marquent pas comme le passage que nous venons de citer, l'époque précise. Ce passage ne parle nullement du temps qui qui s'est écoulé entre la mort de Josué et celle des Anciens ses successeurs. Nous concluons avec justice de ce passage, que l'ouvrage n'a pu être écrit qu'après la mort du dernier de ces Anciens.

Mais quoique les passages dont je parle, et que je vais citer, ne fixent aucune époque précise, ils présupposent, comme je l'ai dit, un temps plus éloigné de la mort de Josué, que celui contenu entre l'époque de sa mort et celle des Anciens ses successeurs. Tel est le passage, chap. x, verset 14, qui après avoir rendu compte de la manière dont le soleil s'est arrêté sur le mont Gabaon, et la lune dans le vallon d'Ajalon,

Aïalon (1). D'après les ordres de Josué, (conte propre à amuser des enfans) dit : » Jamais jour, ni devant » ni après, ne fut si long que celui-là ». Le Seigneur obéissant alors à la voix d'un homme.

L'expression « ni devant, ni après », c'est-à-dire le temps qui s'écoula après ce jour-là, comparé avec ce qui s'est écoulé avant ce jour, ne peut qu'être très-considérable. Il auroit été bien ridicule de s'exprimer ainsi, eût-on parlé d'un jour, d'une semaine, d'un mois ou d'une année après l'évènement. Si nous donnons donc à ce passage un sens aussi étendu que ne l'est le miracle dont

---

(1) Ce conte ne porte avec lui aucun ombre de probabilité. Un tel évènement auroit été connu de l'univers entier. Car la moitié du monde se seroit étonné de ce que le soleil ne se levoit point, et l'autre de ce qu'il ne s'est point couché. Nous ne trouvons cependant pas une seule nation dont les annales rapportent cet événement. Mais encore, pourquoi faire arrêter la lune ? Quel besoin pouvoit-on avoir du clair de lune pendant le jour et quand il faisoit du soleil ? C'est une assez jolie figure poétique ; mais elle n'égale pas la déclaration figurative de Mahomet, qui dit à ceux qui vinrent lui témoigner des inquiétudes sur sa manière d'agir. » Vous n'influeriez, leur dit-il, en » rien sur ma conduite vinssiez-vous, même avec le » soleil en une main et la lune dans l'autre ». Pour que Josué eut surpassé Mahomet, il auroit dû mettre le soleil dans une de ses poches et la lune dans l'autre ; il auroit dû s'en servir comme d'une lanterne, en faisant luire l'un ou l'autre, suivant ses besoins ou sa volonté. Le sublime est si souvent attaché au ridicule, qu'il est bien difficile de les séparer. Outrepasse-t-on le sublime, on tombe dans ce qui est outré et ridicule ; recule-t-on, on revient de nouveau au sublime. Cette histoire, abstraction faite de la licence poétique, prouve clairement l'ignorance de Josué, qui auroit au moins dû faire arrêter la terre !

le passage rend compte, aussi étendu que le temps antérieur au grand évènement, certes le passage implique le cours de plusieurs siècles. L'on ne peut, à moins d'être ridicule, en admettre moins d'un, et le vrai sens du passage en présuppose au moins deux.

Une époque bien éloignée est exprimée, quoique d'une manière générale dans le *huitième chapitre*, où après avoir rendu compte de la prise de la ville de *Haï*, on y lit *verset 28* : « *Josué* brûla ensuite la ville, et il en fit » un tombeau éternel ».

On parle encore au *verset 29* du roi de *Haï*, que *Josué* pendit, et qu'il fit enterrer à la porte de la ville ; l'on y dit : « et ils mirent sur lui un grand monceau de » pierres, qui y est demeuré jusqu'aujourd'hui », c'està-dire jusqu'au jour où l'auteur du livre de *Josué* vécut. L'on trouve un nouvel exemple de ce genre au *dixième chapitre*, où, après avoir parlé des cinq rois que *Josué* fit pendre sur cinq arbres, et qu'il fit ensuite jeter dans une caverne, il est dit : « Ils mirent à l'entrée de grosses » pierres, qui y sont demeurée jusqu'aujourd'hui ».

En parlant des divers exploits de *Josué* et des tribus et pays divers qu'il soumit ou essaya de soumettre ; il est dit (chap. XV, verset 63) : « mais les enfans de *Juda* » ne purent exterminer les *Jébuséens*, qui habitoient » dans *Jérusalem*; et les *Jébuséens* ont habités dans » *Jérusalem* avec les enfans de Juda jusqu'aujourd'hui ». Il s'agit, d'après ce passage, de statuer en quel temps les Jébuséens et les enfans de Judas vécurent ensemble à *Jérusalem*. Comme il faudra traiter cette matière en parlant du premier chapitre du livre des *Juges*, je réserve mes opérations pour ce moment-là. Ayant rempli mes engagemens, et prouvé d'après les faits contenus dans le livre de *Josué*, que ce livre est d'un auteur qui garde l'anonyme, et que par conséquent il est sans autenticité, je passe ensuite au livre des *Juges*.

Le livre des *Juges* porte aussi l'empreinte de l'anonyme; on n'a donc aucun prétexte pour l'appeler la parole de Dieu. Cet ouvrage ne nous offre aucun répondant de son autenticité; il n'est avoué ni reconnu de personne.

Cet ouvrage commence de la même manière que le livre de *Josué*. Celui-ci commence (chap. 1, vers. 1.) « après la mort de *Moyse*, et. » le livre des « *Juges* » commence de même après la mort de *Moyse*, etc. ». La ressemblance des deux ouvrages, non-seulement en ce point, mais pour le style en général, indique qu'ils sont du même auteur; mais cet auteur est absolument inconnu. La seule chose dont nous soyons certain, c'est que l'auteur vivoit long-temps après *Josué*; car quoique l'ouvrage commence de manière à faire soupçonner qu'il fut fait immédiatement après la mort de ce chef, le second chapitre est un extrait de tout le livre, qui, suivant la chronologie de la Bible, donne l'histoire d'un espace de trois cents six ans, c'est-à-dire, depuis la mort de Josué, 1426 ans avant *Jesus-Christ*, jusqu'à la mort de Samson, 1120 ans avant *Jesus-Christ*, et 25 ans seulement avant que *Saul* n'allât chercher les ânes de son père, et qu'il fut élu roi. Mais tout nous fait croire que cet ouvrage n'a été fait que du temps de David au moins, et que le livre de *Josué* n'a pas été écrit non plus avant la même époque.

Dans le premier chapitre du livre des Juges, l'écrivain après avoir parlé de la mort de *Josué*, rend compte de ce qui est arrivé entre les peuples de Judas et les habitans de la terre de Chanaan. Dans cette histoire, après avoir légèrement fait mention de *Jérusalem* au septième verset, l'auteur s'explique ainsi au huitième : « car les » enfans de *Juda* ayant mis le siége devant Jérusalem, » la prirent ». Par conséquent ce livre n'a pu être écrit qu'après la prise de *Jérusalem*. Que le lecteur se rappelle de la citation que j'ai faite ci-devant, et qui est tirée du quinzième chapitre du livre de *Josué*, verset 63, où il est dit que « les *Jébuséens* séjournent jusqu'à ce jour » avec les enfans de Judas à *Jérusalem* », c'est-à-dire, jusqu'au jour où le livre de Josué a été écrit.

Les faits que j'ai cité prouvent de la manière la plus incontestable, que ces livres ne sont ni ne peuvent être l'ouvrage des personnes auxquelles on les attribue; que ces ouvrages ne peuvent avoir été faits que plusieurs années après leur mort, en supposant qu'ils aient jamais vécu. J'ai prouvé la chose d'une manière si satisfaisante à moi-même et si convaincante pour les autres, que je ne pèse pas autant que je le pourrois sur tous ces faits et sur les conséquences qu'on peut en déduire ; car, à prendre pour guide l'historique de la *Bible*, la ville de Jérusalem n'a été prise que du temps de David, et que par conséquent, les livres de *Josué* et des *Juges* n'ont été écrits qu'après le commencement du règne de *David*, c'est-à-dire, 370 ans après la mort de *Josué* !

Le nom de la ville qu'on a appellé par la suite *Jérusalem*, étoit dans le principe *Jebuse* ou *Jubesi*; cette ville étoit la capitale des Jebuséens. L'on trouve l'histoire de la prise de cette ville par *David*, dans le deuxième livre des Rois, *chap. V, verset 4*, et. ; et enfin, dans le premier livre des Paralipomènes, *chap. XIV, verset 4*, etc. L'on ne trouve ni dans la Bible, ni ailleurs, l'histoire de la prise de cette ville avant cette époque. Nous ne lisons ni dans le livre des Rois, ni dans celui des Paralipomènes, qu'ils aient entièrement détruit les hommes, les femmes et les enfans, qu'ils n'aient laissé être quelconque en vie, comme dans leurs autres conquêtes. Ce silence fait conclure que la ville capitula et que les « *Jebuséens* » séjournent avec les enfans de *Judas*, jusqu'à ce jour » à *Jerusalem* »; ce compte que nous trouvons dans le livre dit de *Josué*, ne peut se rapporter qu'à quelque temps après la prise de la ville par David.

Ayant actuellement démontré que tous les livres de la Bible, depuis celui de la *Genèse* jusqu'à celui des *Juges*, sont sans autenticité. Je passe au livre de *Ruth*, conte ridicule, *mal fait*, l'on ne sait encore par qui, et qui nous donne l'histoire d'une pauvre paysanne, qui coucha en cachette avec son cousin *Boaz*; et cependant ce ridicule conte nous est présenté comme la parole de l'Être Suprême; quoiqu'il en soit, le livre de *Ruth* est un des meilleurs de la Bible, en ce qu'il ne contient aucun détail ni de pillage, ni de meurtre.

Je passe ensuite aux deux premiers livres des Rois; je prouve, comme dans les cas précédens, qu'ils ne sont nullement écrits par Samuel, qu'ils n'ont été écrits que long-temps après sa mort, qu'ils sont anonymes et sans autorité quelconque.

Pour se convaincre que ces livres ne sont nullement l'ouvrage de *Samuel*, et qu'ils furent écrits long-temps après lui, il suffit de lire seulement cette partie qui nous apprend que *Saül* alla chercher les ânes de son père, qu'il rencontra Samuel, à qui il demanda des renseignemens relativement aux ânes de son père qui étoient perdus, à-peu-près comme les bonnes gens de nos jours vont demander aux diseurs de bonnes fortunes, compte de ce qu'ils ont perdu.

L'auteur, en contant l'histoire de *Saül*, *Samuel*, et des *Anes*, n'en parle pas comme d'une chose qui venoit d'avoir lieu, mais bien comme d'une vieille histoire du temps où cet écrivain vivoit ; car il la conte d'abord dans les termes ou le langage dont on se servoit en temps où *Samuel* vivoit, et puis il l'explique à la manière des écrivains de son temps.

On donne à *Samuel* dans le premier livre, *chap.* IX, le nom de « *Voyant* », « et *Saül* en demandant après » lui, l'appelle par ce nom *Voyant* ». « Ils trouvèrent » des filles qui en sortoient *pour aller* puiser de l'eau, et » ils leur dirent : le *Voyant est-il ici* ».

Saül agit en conséquence des renseignemens que lui donnèrent ces jeunes filles ; et rencontrant *Samuel* sans le connoître, lui dit (dix-huitième verset) : « Je vous prie » de me dire où est la maison du *Voyant* ». Samuel répondit à *Saül*, « c'est moi qui suis ce *Voyant* ».

Comme l'auteur du livre des Rois rapporte toute cette conversation dans le langage ou manière de parler, du temps où la conversation est dite avoir eu lieu, il croit nécessaire, afin de rendre cette conversation intelligible, d'en expliquer les différens termes. Il dit en conséquence, verset 9 : » Autrefois dans Israel, » tous ceux qui alloient consulter Dieu, s'entredisoient » allons au *Voyant*, car celui qui s'appelle aujourd'hui » prophète s'appelloit alors le *Voyant*, ». Ceci prouve, comme je l'ai déjà dit, que le conte de Samuel, de Saül et des Anciens, étoit très-vieux au temps où le livre de Samuel fut écrit, et que parconséquent Samuel n'en étoit pas auteur, et que ce livre est sans authenticité.

Mais si nous examinons ces livres de plus près, que de preuves éclatantes n'y trouvons-nous pas que Samuel n'a pu en être auteur. Car ils rendent compte d'événemens qui n'ont eu lieu que plusieurs années après la mort de Samuel. Samuel mourut avant Saül, car le chapitre XXVIII du livre 1er des Rois, nous apprend que Saül et la Sorcière d'Endor firent revenir le cadavre de Samuel ; cependant l'histoire des faits contenus dans ces livres comprend toute la vie de Saül, et la plus grande partie de la vie de David son successeur. Il est moralement et physiquement impossible que Samuel ait rendu lui-même le compte qu'on trouve au vingt-cinquième chapitre du premier livre des Rois, de sa mort et de ses funérailles. La table chronologique attachée à ce chapitre fixe cette époque à 1060 années avant la naissance de Jesus-Christ ; quoique l'histoire du premier livre soit éloigné de 1050 ans seulement de cette époque. C'est-à-dire jusqu'à la mort de Saül, qui n'est arrivée que quatre années après celle de Samuel.

Le second livre des Rois commence par l'histoire de choses, qui ne sont arrivées que quatre années après la mort de Samuel. Car il débite par le règne de David, successeur de Saül, et continue jusqu'à la fin de son règne, c'est-à-dire 43 ans après la mort de Samuel. Ces livres témoignent donc d'une manière évidente et incontestable, qu'ils ne peuvent avoir été faits par Samuel.

J'ai actuellement examiné tous les livres de la première partie de la Bible, auxquels on a attaché les noms de leurs prétendus auteurs ; ouvrages, à l'aide desquels l'Eglise soi-disant chrétienne, en a imposé aux hommes depuis tant de siècles, en les faisant passer pour les écrits de Moyse, de Josué et de Samuel, et dont j'ai découvert et prouvé la fausseté. Et vous prêtres de toutes les descriptions, qui avez tant prêché et écrit contre la première partie de cet ouvrage, qu'avez-vous à-présent à dire ? Oserez-vous, malgré cette masse de preuves incontestables de vérités auxquelles l'on ne pourra répondre, reprendre de nouveau la chaire, et présenter ces livres à vos auditeurs comme les écrits d'hommes *inspirés*, comme la *parole de Dieu*. N'est-il pas évident, imposteurs que vous êtes, que ceux auxquels vous attribuez ces ouvrages n'en sont pas les auteurs, et que même vous n'en connoissez pas les auteurs. Sous quel prétexte continuerez-vous donc votre charlatanisme blasphémateur; de quels nouveaux moyens vous servirez-vous pour empêcher que votre système mensonger d'idolâtrie et de prétendue révélation, ne s'écroule devant la doctrine pure et morale du déisme?

Eût-on accusé l'ami que vous chérissiez et dont vous révériez la mémoire des ordres de sang dont la Bible est rempli, eût-on mis à sa charge tous ces nombreux assassinats d'hommes, de femmes et d'enfants, n'eussiez-vous pas fait éclater l'ardent désir de venger sa renommée injuriée. Non, c'est parce que vous êtes engloutis dans la fange de la cruelle superstition, c'est parce que vous ne prenez plus de gloire ni d'intérêt à l'honneur du Créateur, que vous écoutez avec une froide indifférence les détails horribles de la Bible. Les preuves que j'ai produites et que je produirai dans le cours de mon ouvrage, et qui tendent à démontrer la fausseté de la Bible, blesseront peut-être l'opiniâtre insensibilité du prêtre, mais elles tranquiliseront, j'ose le dire, le cœur et l'esprit de quelques millions de mes semblables. Elles dissiperont toutes les idées fausses de l'Être Suprême, que les prêtres et la Bible avoient imprimés aux hommes qui se seroient éternellement opposés à leurs idées de morale et de justice, et qui auroient à jamais luttés avec cet esprit bienfaisant qui caractérise l'être humain et sensible.

J'arrive actuellement aux deux derniers livres des *Rois* et à ceux appellés *Paralipomènes*. Ces ouvrages sont entièrement historiques, et se bornent presqu'entièrement aux vies et aux actions des rois Juifs, dont la plupart étoient de grands scélérats. Au reste, cette histoire ne nous intéresse pas plus que celle des empereurs Romains ou celle de la guerre de Troie. De plus, ces ouvrages sont anonymes; et comme nous n'en connoissons pas les auteurs, comme par conséquent nous ignorons leur caractère, nous ne pouvons déterminer le degré de croyance que nous devons y ajouter. Semblable à toutes les histoires anciennes elles contiennent un amas de fables et de faits, de choses probables et d'autres qui ne le sont pas, devenues absolument sans intérêt quelconque par les changemens qu'ont éprouvés le temps, les lieux et les circonstances.

Le seul emploi que je ferai de ces livres, sera de les comparer les uns avec les autres, et avec diverses parties de la Bible, afin de montrer la confusion, la contradicdiction et la cruauté dont la prétendue parole de Dieu est remplie.

Le troisième livre des Rois commence par le règne de *Salomon*, qui, suivant la chronologie de la Bible, eut lieu 1015 ans avant la naissance de *Jesus-Christ*. Le quatrième livre finit 588 ans avant ce temps, peu après le règne de *Zedekie*, que Nabuchodonozor amena prisonnier à Babylone, après la prise de Jérusalem et la conquête des Juifs. Les deux livres renferment une espace de temps de quatre cent vingt-sept ans.

Les deux livres des Paralipomènes sont une histoire des mêmes temps et des mêmes personnes, par un autre écrivain. Car il est probable qu'un auteur n'auroit pas fait deux fois la même histoire. Le premier livre, après avoir donné dans les premiers neuf chapitres la généalogie depuis *Adam* jusqu'à *Saül*, continue par le règne de *David* et le second livre finit comme celui des Rois, peu de temps après le règne de *Zedelric*, environ 588 ans avant *Jésus-Christ*. Les deux derniers versets du dernier chapitre prolongent l'histoire 52 ans de plus, et donnent des détails jusqu'à 536 ans avant Jésus-Christ. Mais ces deux versets n'appartiennent pas au livre, comme je ferai voir en parlant de celui d'Esdras.

Les deux livres des Rois, outre l'histoire de *Saül*, de *David* et de *Salomon*, qui régnèrent sur *Israel*, contiennent un abrégé des vies de dix-sept rois et une reine, qui sont appelés rois de *Judas*, et de dix-neuf autres que l'on nomme roi d'*Israel*. Car la nation Juive, après la mort de Salomon, s'est partagé en deux parties, qui choisirent des rois différents, qui se firent des guerres longues et cruelles.

Ces deux livres ne sont qu'un détail d'assassinats, de guerres et de trahisons. Les cruautés que les Juifs avoient exercées sur les habitans de la terre de Chanaan, qu'ils avoient envahies d'après la prétendue permission de *Dieu*, ils exercèrent, par la suite, les uns sur les autres avec un acharnement aussi marqué. La moitié de leurs *rois* moururent de mort non naturelle; des familles entières furent détruites pour que l'on pût s'emparer de leurs propriétés; leurs successeurs subirent sous quelques années, peut-être pour quelques mois le même sort. L'on trouve dans le dixième chapitre du 14sme. livre des Rois, l'histoire de l'exposition des deux paniers remplis de têtes d'enfans, au nombre de soixante-dix, à la porte de la ville; c'étoient les enfans d'*Achab* assassinés d'après les ordres de *Ichu*, mis par *Élisée*, le prétendu homme de Dieu, à la tête des enfans d'Israel, choisi exprès par lui pour commettre

cet

cet horrible assassinat et faire mourir son prédécesseur. Dans l'histoire du règne de Manahem, un des rois d'Israël, qui fit mourir Sellum, qui n'avoit régné qu'un mois, on lit : (*quatrième livre des Rois, chap. XV, verset 16*) « *Manahem* prit la ville de *Thaspa*, tua tout
» ce qui étoit dedans, parce que les habitans n'avoient
» pas voulu lui ouvrir les portes ; il tua toutes les femmes
» grosses et leur fendit le ventre ».

Si nous pouvons croire, pour un instant, que l'Éternel ait distingué un peuple quelconque de l'épithète de son « *peuple élu* », il faudroit, au moins, que nous supposions que ce peuple offrit au reste de l'univers un exemple de piété et d'humanité. Il n'auroit pas choisi une nation de brigands et d'assassins, tels qu'étoient les Juifs ; peuple, qui corrompu par des monstres tels que *Moyse*, *Aaron*, *Josué*, *Samuel*, *David*, s'étoit rendu remarquable, avoit surpassé les autres peuples en barbarie et en crimes de tous les genres. Si nous ne fermons opiniâtrément les yeux, si nous n'endurcissons nos cœurs, il est impossible de ne pas convenir, en dépit de l'impression qu'a faite sur notre esprit une superstition de plusieurs siècles, que cette appellation de « *peuple élu* » est absurde et fausse ; que ce n'est qu'un méprisable mensonge, inventé par les prêtres et les chefs des Juifs pour voiler leurs crimes, et entretenu par ceux de nos jours, qui quelquefois ne leur cèdent point en corruption et en cruauté.

Les deux livres des Paralipomènes ne sont que la répétition des mêmes crimes ; mais ils sont parsemés d'interruptions continuelles ; l'auteur a oublié le règne de plusieurs des Rois. Il est de cet ouvrage comme des livres dits des Rois ; l'on y trouve des transits si répétés, si subits des rois de Judas à ceux d'Israel, et de ceux d'Israel aux rois de Juda, que la narration en est souvent obscure. L'histoire se contredit souvent dans ce livre. En voici un exemple. Le verset 8 du chap. 1. du quatrième livre des Rois nous apprend, d'une manière obscure, qu'après la mort d'Ochosias, roi d'Israel, Jéhoram ou Joram, de la maison d'Achab, régna dans la seconde année de Jéhoram ou de Joram, fils de Josaphat, roi de Juda. Tandis que le chapitre VIII, verset 16, du même livre, nous dit : La cinquième année de Joram, fils d'Achab, roi d'Israel et de Josaphat, roi de Juda. Joram, fils de Josaphat, régna sur Juda.

Ainsi, un chapitre nous dit que Joram de Juda commença son règne l'an second de celui de Joram d'Israel ; tandis que l'autre nous apprend que Joram d'Israel commença à régner à la cinquième année du règne de Joram de Juda.

Plusieurs des faits les plus intéressans, rapportés dans une de ces histoires, ne se trouve pas dans l'autre. L'on voit des évènemens dans la vie de leurs Rois, rapportés par un historien qu'on ne trouve pas dans la vie du même Roi, rapporté par l'autre. Par exemple, les deux Rois rivaux, après la mort de Salomon, étoient Roboham et Jéroboham ; et dans le troisième livre des Rois, chap. XII et XIII, l'on trouve le détail du sacrifice d'encens que fit Jéroboam, et qu'un homme, auquel on donne le nom d'*Homme de Dieu*, cria vis-à-vis de l'autel, chap. XIII, verset 2, et il s'écria contre l'autel, en parlant ainsi de la part du Seigneur, autel, autel, voici ce que dit le Seigneur : » Il naîtra un fils dans la » maison de David, qui s'appellera Josias ; il immolera » sur toi les Prêtres des hauts lieux, qui t'encensent » maintenant, et brûlera sur toi les os des hommes, » verset 4 «. Le Roi ayant entendu ces paroles, que l'Homme de Dieu avoit pronoucé à haute voix contre l'autel, qui étoit à Béthel, étendit sa main de dessus l'autel, et dit qu'on l'arrête ; et en même tems la main qu'il avoit étendu contre le Prophète se sécha, et il ne put plus la retirer à lui.

Il est bien naturel de croire qu'un cas aussi extraordinaire que celui-ci, qu'on cite comme un éclatant jugement, prononcé contre le chef d'un parti, à l'époque de de la séparation des Israélites, seroit rapporté par les deux historiens. Les hommes de nos temps ont cru aveuglément tout ce que les prophètes ont bien voulu leur dire. Ces messieurs se connoissoient trop bien pour se croire entre eux.

Il se trouve aussi un très-long détail d'*Elijah* dans le livre des Rois. Plusieurs chapitres en parlent, et l'histoire finit ainsi quatrième livre des *Rois*, chap. II, verset 2 : « Lorsqu'ils continuoient leur chemin, qu'ils » marchoient en s'entretenant un char de feu et des che- » vaux de feu, les séparèrent tout d'un coup l'un de l'au- » tre, et Élie remonta au ciel par le moyen d'un tour- » billon ».

L'auteur des Paralipomènes qui parle d'Elie, ne dit rien cependant de ce merveilleux évènement. Il ne fait pas non plus mention des enfans qui appellèrent Elisée, *tête chauve*, et dont le livre des Rois parle *verset 24* : « Elisée jetta les yeux sur eux et les maudit au nom du » Seigneur. En même-temps deux ours sortirent du bois, » et s'étant jettés sur cette troupe d'enfans, ils en dé- » chirèrent quarante-deux ».

Il ne dit pas un mot non plus de l'histoire racontée dans le *chap. XIII du quatrième livre des Rois*, qui porte que l'on enterroit un mort dans le sépulchre d'*Elisée*, et qu'il arriva que le cadavre ayant touché aux os d'*Elisée*, « cet homme ressuscita et se leva sur ses pieds ». L'auteur ne nous instruit pas si l'on enterra ou non le ressuscité. Au surplus, celui du livre des Paralipomènes a peur d'être traité de *menteur*, ou tout au moins de *romanier*, car il se tait absolument sur tous ces grands évènemens.

Mais quoique ces deux historiens varient infiniment dans les différens contes qu'ils font l'un et l'autre, ils s'accordent parfaitement dans leur silence sur les prétendus prophètes dont les écrits remplissent la dernière partie de la Bible. *Isaie* qui vivoit du tems d'*Ezechias*, est nommé dans les livres des Rois et des Chroniques, lorsque ces ouvrages parlent de ce règne. Mais ils ne font pas du tout mention, à l'exception d'un ou de deux passages, de tous ceux qui, d'après la Chronologie de la Bible vivoient au temps où ces ouvrages furent faits et même long-temps avant cette époque. Comment se peut-il que les écrivains de ce jour-là n'aient pas parlé d'hommes que les *prêtres*, les compilateurs et commentateurs de la Bible de nos jours rendent de la plus haute importance ?

L'historique des livres des Rois et des Paralipomènes remonte, comme je l'ai déjà dit, à 588 ans avant la naissance de *Jesus-Christ*. Examinons donc quels sont les *prophétes* qui vécurent avant cette époque. Je donne ici, pour cet effet, une table des prophètes, avec l'époque à laquelle ils vécurent avant Jésus-Christ. Elle est tirée de la table Chronologique attachée au premier chapitre de chaque livre des *Prophétes*. Je donne aussi le nombre d'années qu'ils vécurent avant que ce livre des *Rois* et des *Paralipomènes ne fussent écrits*.

Table des Prophètes, du nombre d'années qu'ils vécurent avant la naissance de Jésus-Christ, et avant que les livres des Rois et des Paralipomènes ne fussent écrits.

NOMS	ANNÉES avant Jésus-Christ.	ANNÉES avant que les livres ne fussent écrits.	REMARQUES.
Isaïe	760	172	Non mentionné.
Jérémie	629	41	L'on n'en parle qu'au chapitre dernier des Paralipomènes.
Ezechiel	595	7	Non mentionné.
Daniel	607	19	Non mentionné.
Osée	785	97	Idem.
Joël	800	212	Idem.
Amos	769	199	Idem.
Abdias	789	199	Idem.
Jonas	862	274	V. la not. (a) ci-dess.
Michée	750	162	Non mentionné.
Nahum	713	125	Idem.
Habacuc	626	36	Idem.
Sophonie	630	42	Idem.
Aggée	Après l'an 588.		
Zacharie			
Malachie			

Ou cette table n'est pas flatteuse pour les historiens ; ou elle ne l'est guères pour les prophètes de la bible,

---

(a) Le chapitre XIV, verset 25 du 4e. livre des Rois, fait mention de *Jonas*, en parlant de la restitution d'un terrein, faite par *Jéroboam*. Mais on n'en fait pas mention davantage, l'on ne parle nullement ni du livre dit de *Jonas*, ni de son expédition à *Ninive*, ni de la rencontre de la baleine.

je laisse aux commentateurs et aux prêtres qui sont bien savans en fait de petites choses, de terminer la querelle qui pourra exister entre ces deux; je les prie aussi de statuer pourquoi les auteurs des livres des *Rois*, des Paralypomènes, ont gardé pour ces prophètes que j'ai honorés dans la première partie de mon ouvrage du nom de *Poëtes*, un silence de mépris. Certes, l'historien de nos jours n'aurait pas plus maltraité le dernier petit poëte.

Je ferai encore une remarque sur le livre des paralipomènes, avant de passer à l'examen des autres livres de la Bible.

Dans les remarques que je fis sur les livres de la *Genèse*, je citai un passage, extrait du *verset 31 du chapitre 36*, qui parle évidemment d'une époque postérieure au règne des Rois d'*Israël*; j'ai dit qu'il était évident qu'une grande partie du 36eme. chapitre de la *Genèse* et plus particulièrement, le verset en question, ont été copiés mot pour mot du *chapitre 1*, *verset 43* du premier livre des Paralipomènes, car ce passage qui se trouve entièrement déplacé dans le livre de la Genèse, qui est placé avant tous les autres dans la Bible, et qui est attribué à Moyse, est l'ouvrage de quelque inconnu qui aura écrit après la publication du livre des Paralipomènes, c'est-à-dire, plus de huit cent soixante ans après le temps de *Moyse*.

La manière dont j'établis ce fait est très-clair. D'abord comme je l'ai déjà dit, le passage du livre de la *Genèse* se rapporte pour le temps au livre des Paralipomènes, en second lieu, le livre des Paralipomènes auquel ce passage se rapporte, n'a été écrit que huit cent soixante ans après le temps où vivoit *Moyse*.

La preuve de ceci se trouve au *verset 13 du 3eme.*

chapitre du premier livre des Paralipomènes, où l'auteur en donnant la généalogie des descendans de David, fait mention de *Sédécias* ; c'étoit dans le temps où celui-ci vivoit, que *Nabucodonosor* prit *Jérusalem*, 588 ans avant la naissance de *jesus-Christ*, et plus de 860 par conséquent après la mort de *Moyse*.

Ceux que la superstition a porté à vanter l'antiquité de la bible, et surtout des livres attribués à *Moyse*, l'ont fait sans fondement quelconque ; ils n'ont nullement examiné l'état des choses, et l'aveugle croyance a été transmise par une génération à celle qui suivoit. —— L'histoire et la chronologie nous prouvent que le premier livre de la bible n'est pas aussi vieux qu'*Homère*, et qu'il est à peu près de la même date que les fables d'*Esope*. Je ne prétends pas dire que les ouvrages d'Homère nous offrent une saine morale ; je crois au contraire, qu'ils sont propres à donner de fausses idées de gloire, un sentiment d'honneur qui s'écarte essentiellement du vrai. Quant aux fables d'Esope, la morale en est souvent bonne, quoique la fable elle-même renferme des choses cruelles ; pour cette raison, le mal que ces fables font au cœur de l'enfant, l'emporte le plus souvent sur le bien qu'elles font à son jugement.

Ayant achevé les livres des *Rois* et des Paralipomènes, j'examine le livre d'*Esdras* qui se présente le premier après ceux-ci.

Je ne puis mieux montrer le désordre qui règne dans l'arrangement de l'écriture appelée sainte, et de la prétendue parole de Dieu, qu'en considérant et comparant entre eux, les trois premiers versets du livre d'*Esdras*, et les deux derniers du livre des Paralipomènes. Par quelle fatalité ces versets se ressemblent-ils exactement ? Ou les auteurs ne connoissoient pas leurs propres ouvrages, ou les compilateurs n'en connoissoient pas les auteurs.

Deux derniers vers. du liv. 2 des Paralypomènes.	*Trois premiers versets du livre d'Esdras.*
Vers. 22. » Mais dans la première année de Cyrus, roi des Perses, le Seigneur pour accomplir la parole qui avoit été dite par la bouche du prophète Jérémie, toucha le cœur de Cyrus, roi des Perses, qui commanda de faire publier dans tout son royaume, l'édit qui suit, et d'en expédier même les patentes en cette forme. *Vers.* 23. Voici ce que dit Cyrus: Le Seigneur, le Dieu du Ciel m'a mis tous les royames de la terre entre les mains, et il m'a commandé de lui bâtir une maison dans Jérusalem qui est dans la Judée. —— Qui d'entre vous se trouve être de son peuple? Je souhaite que le Seigneur son Dieu soit avec lui. Qu'il parte donc promptement.	*Verset* 1. La première années de Cyrus, roi de Perse, le Seigneur pour accomplir la parole qu'il avoit prononcé par la bouche de *Jérémie*, toucha le cœur de Cyrus, Roi de Perse, qui fit publier dans tout son royaume cette ordonnance, même par écrit. *Verset* 2. Voici ce que dit Cyrus, roi de Perse: Le Seigneur le Dieu du Ciel m'a donné tous les royaumes de la terre, et m'a commandé de lui bâtir une maison dans la ville de Jérusalem qui est en Judée. *Verset* 3. Qui d'entre vous est de son peuple? Que son Dieu soit avec lui Qu'il aille à Jérusalem et rebâtise la maison du Seigneur, ce Dieu d'Iraël. —— Ce Dieu qui est à Jérusalem, est le vrai Dieu.

Le dernier verset du livre des Paralipomènes finit subitement et au milieu d'une phrase, en disant d'aller, *sans dire où !* Cette fin prématurée, l'existence des mêmes passages, dans deux différens ouvrages, fait voir avec combien de négligence et d'ignorance la rédaction de la Bible a été faite, et prouve que les compilateurs n'avoient pas plus d'autorité pour faire cet ouvrage, que nous n'en avons pour y ajouter foi.

―――――

(1) L'on observe en lisant la Bible plusieurs morceaux absolument sans suite ou signification quelconque, et que je crois à peine dignes d'être remarqués ; tel, par exemple, que le *verset* du XIIIe. chapitre du 1er. livre des *Rois* que voici : « Saül étoit comme un enfant d'un an lors- » qu'il commença de régner, et il régna deux ans sur » Israël.— Il choisit trois mille hommes du peuple d'Is- » raël, etc. ». La première partie du verset ne signifie rien, puisqu'elle nous dit que *Saül* régna un an sans parler des actions de ce *Roi*, ou de ce qui arriva pendant l'année qu'il régna. Mais ce qui est bien plus absurde, c'est que la partie qui suit dit qu'il régna deux ans. — Comme s'il eût pu régner deux ans sans régner un. — Le chapitre V du livre de *Josué* nous donne un autre exemple. L'écrivain nous dit qu'un ange apparut à *Josué* ; et le conte finit ainsi sans en dire davantage. — Verset 13 « Lorsque Josué étoit sur le territoire de la ville de Jéri- » cho, il leva les yeux ; et ayant vu devant lui un » homme qui étoit debout, et qui tenoit à la main une » épée nue, il alla à lui et lui dit : Etes-vous des nôtres » ou des ennemis ? — Il lui répondit non ; mais je suis » le prince de l'armée du seigneur, et je viens ici mainte- » nant à votre secours. — Josué se jetta le visage contre » terre ; et en l'adorant, il dit : Que dit mon seigneur à » son serviteur ? Otez, lui dit-il, vos souliers de vos » pieds, parce que le lieu où vous êtes est saint. — Et » *Josué* fit ce qu'il lui avoit commandé ». Que s'en suit-il de cette belle avanture ? Rien. — Ainsi finissent et le conte et le chapitre. Ou ce conte est un fragment, ou il est l'ouvrage de quelque Juif plaisant, qui veut tourner en ridicule la prétendue mission de *Josué* : conte, dont les compilateurs de la Bible n'auront pas senti la tendance satyrique, et qu'ils auront copié et rendu comme une histoire sérieuse et véritable. — Comme conte plaisant et spirituel, cette histoire est excellente ; car l'on introduit avec pompe, un ange sous forme humaine, tenant à la main un sabre nud, que *Josué* rencontre, et

Le livre d'*Esdras* ne nous offre rien de bien positif, si ce n'est le temps auquel il a été fait. Ce livre a été écrit immédiatement après le retour des Juifs de leur captivité de *Babylone*, environ 536 ans avant *Jesus-Christ*. — Esdras revint avec les Juifs, et écrivit l'histoire qui leur étoit arrivé. — Néhémias qui revint aussi écrivit une histoire des mêmes événemens, qui porte son nom et qui suit celle d'Esdras. Mais ces deux ouvrages ne nous sont d'aucune importance, et ne peuvent intéresser que des Juifs, dont ils font une partie intégrante de l'histoire. — Ces livres ne contiennent pas plus la parole de *Dieu* que toute autre histoire quelconque ; l'histoire de France, l'histoire d'Angleterre, etc.

Mais on ne peut compter sur ces deux auteurs, pour les faits qu'ils rapportent. — L'auteur du livre d'*Esdras* donne dans son second chapitre une liste des tribus et des familles, et du nombre exact de personnes qui revinrent de *Babylone* à *Jérusalem* ; l'objet principal de l'auteur, en faisant son ouvrage, paroît avoir été de publier cette liste. — Mais l'erreur qui éclate dans cette liste détruit toute l'authenticité de l'ouvrage. — L'auteur commence ainsi, chap. II, vers. 3 : « Les en-

---

devant lequel *Josué* se prosterne, en lui rendant des honneurs que le 2ᵉ commandement nous ordonne de rendre à *Dieu* seul. Cet envoyé extraordinaire de Dieu exécute son importante mission, en ordonnant à *Josué* d'ôter ses souliers. — Que ne lui a-t-il dit d'ôter sa culotte ?

(1) Mais il est très-sur que les Juifs ne croyoient pas tout ce que leurs chefs leur disoient. La manière singulière dont ils parloient de Moyse lorsqu'il alla à la Montagne le prouve. « Car pour ce qui est de Moyse, cet homme qui nous a tiré de l'Egypte, nous ne savons pas ce qui lui est arrivé. *Exode chap.* XXXII. *verset* 1.»

» fans de Pharos étoient deux mille cent soixante-douze;
» les enfans de Sephatia étoient trois cent soixante-
douze ».

Il donne ainsi le détail de toutes les familles, et fait au vorset 64 un résumé qui porte que « toute cette multitude comprenoit quarante-deux mille, trois cent soixante personnes ». — Si l'on se donne la peine de reviser son compte, l'on trouvera que le total n'est que de vingt-neuf mille, huit cent dix-huit.

L'erreur est donc de douze mille, cinq cent quarante-deux. — Je demande, après ceci, qu'elle foi l'on peut ajouter à la Bible. (*Voyez la table ci-jointe dans la note.*)

Néhemie donne aussi le nombre des familles, et le nombre des personnes qui composoient chaque famille. Il commence comme Esdras, en disant « chap. VII les enfans de Pharos étoient deux mille cent soixante-douze et ainsi de suite par toutes les familles. — Cette liste différé à bien d'égards de celle d'Esdras. Nechemie récapi-

---

(*) *Détail du nombre des familles, extrait du second chapitre d'Esdras.*

Chap. XXI.			
Verset 13	2172	Verset 24	42
4	372	25	743
5	775	26	621
6	2812	27	122
7	1254	28	223
8	945	29	52
9	760	30	156
10	642	31	1254
11	623	32	3320
12	1222	33	725
	41577		7258

tule et dit comme Esdras : « Toute cette multitude se montoit à 42360 personnes. » Mais cette cité ne présente un total que de 31,009. L'erreur donc est de 11,271. Ainsi ces messieurs, il est assez évident sont peut-être d'excellents faiseurs de Bible, mais assurément il sont peu propres à faire un ouvrage qui demanderoit de la vérité et de l'exactitude.

Le livre qui suit celui-ci est celui d'Ester. Que madame Esther se soit offerte comme maitresse à Assuérus qu'elle ait voulu rivaliser la reine Vasthi qui refusa de demeurer avec un Roi ivrogne, qui vouloit l'épouser devant ses convives ivres et qui suivant l'histoire, s'étoient régalés et avoient lieu pendant sept jours, ceci m'étonne bien peu et m'occupera bien moins. Ce sont plutôt les affaires d'Esther et de Mardochée que les miennes, l'histoire en outre a toute l'apparence d'une fable ; elle est anonyme. Je la laisse pour examiner le livre de Job.

Ce livre est entièrement différent de tous ceux que nous avons parcouru, l'on n'y trouve ni trahisons ni meurtres. Il cite clairement le résultat des méditations d'un esprit

Ci-contre	11577	Ci-contre	4258
Verset 13	666	Verset 34	345
14	2055	35	3630
15	454	36	973
16	98	37	1052
17	323	38	1247
18	112	39	1017
19	223	40	74
20	95	41	126
21	123	42	139
22	56	58	392
23	128	60	652
	14910		16905

TOTAL........ 29818.

bien éclairé sur les vicissitudes de la vie, qui tantôt succombe au fardeau, et tantôt résiste à ce poids presqu'insuportable. Il offre un mélange intéressant de soumission volontaire et de mécontentement qui ne l'est pas. Il peint bien cet état de l'homme dans lequel il est plutôt porté à se résigner que capable de le faire. Le caractère qui fait le sujet de ce livre est bien loin d'être celui d'un homme patient ; c'est au contraire celui de l'être dont le chagrin est vif et impétueux ; de l'homme qui met un frein sage et philosophique à cette impétuosité, et qui au milieu de maux croissans d'un pas rapide et accablant, sait opposer à ces maux le calme et le contentement.

J'ai rendu justice au livre de Job dans la première partie de mon ouvrage. Je ne savois pas alors ce que j'ai appris depuis d'après des témoignages multipliés qui prouvent que ce livre ne fait pas partie de la Bible.

J'ai lu à ce sujet l'opinion de deux commentateurs Hébreux, *Abenhezza et Spinosa*. Ils pensent l'un et l'autre que le livre de Job n'a nullement le caractère d'un écrit Hébreu ; que la composition, le drame du livre ne sont point hébreux ; que le livre a été traduit d'une autre langue en Hébreu, que l'auteur en étoit gentil. La caractère auquel on donne le nom de Satan (dont ce livre fait mention avant aucun autre de la Bible) ne se rapporte à aucune idée, ou histoire Hébreux; qu'il en est de même des deux appels que l'Être suprême est supposé avoir fait à ceux que le poëme appelle les fils de Dieu, et de la familiarité qui existe entre Satan et Dieu.

Il faut aussi remarquer que ce livre est évidemment la production d'un esprit cultivé ; tandis que les Juifs étoient généralement ignorants. Les allusions fréquentes qu'on y fait à la philosophie naturelle, ne ressemblent point à celles qu'on voit dans aucun ouvrage hébreu. Les noms astronomiques des pleiades d'Orion et d'Areturus sont grecs et non hébreux ; de plus, la Bible ne nous apprend pas que les Juifs entendirent du tout l'astronomie, ou qu'ils l'étudièrent, ils ne traduisirent pas ces noms dans leur propre langue, mais les adoptèrent tels qu'ils les trouvèrent dans le poême.

Il n'est pas douteux que les Juifs aient traduits les productions littéraires des gentils, et qu'ils les aient mêlés avec les leurs. Le chap. 31 du livre des proverbes le prouve. Il est dit » paroles de Hemmel, Roi vision par laquelle sa mère l'a instruit. » ce verset sert de préface aux proverbes qui suivent et qui ne sont point de Salomon, mais bien de Lemuel ; qui n'étoit ni roi d'Iserael ni de Judah mais de quelqu'autre nation, et qui étoit par conséquent Gentil. Les Juifs néanmoins ont adopté ses proverbes. Et comme ils ne disent nullement qui étoit l'auteur du livre de Job, qui n'a aucun caractère d'un écrit Hébreu et qui est détaché de tous les autres livres de la Bible, il est bien probable que c'est un ouvrage des gentils. (1).

---

(1) La prière appellée prière d'Augur qui se trouve au trentième chap. des proverbes qui procède immédiatement ceux de Leumel est la seule bonne, la seule bien conçue de toutes celles que contient la Bible. Elle est traduite suivant toutes les apparences des gentils ; le nom d'Augur ne se remontre que dans ce chap, on introduit sa prière de la même manière que le nom et les proberbes de Lemuel le sont le premier verset du trentième chap. dit : » Paroles du fils de celui que répand e vérités le mot de prophétie est employé comme dans le chap. suivant de Lemuel, sans être attaché à une prédiction quelconque.

La prière d'Augur se trouve aux huitième et neuvième versets : » Eloignez de moi la vanité et les paroles du mensonge ; ne me donnez ni la pauvreté ni les richesses

Les auteurs de la Bible, et et ceux qui en ont réglé ces tables chronologiques paroissent avoir été indécis sur la place qu'ils devoient donner dans cet ouvrage au livre de Job, car il ne contient aucun fait historique ne fait aucune allusion à un événement d'après lequel on ait pu lui déterminer une place. Mais ces hommes se sont bien gardés de faire éclater leur propre ignorance. Ils ont pour cet effet fixé la date du livre de Job a 1520 ans avant la naissance de Jésus-Christ, c'est-à-dire pendant que les *Israélites* étoient en *Egypte*. Ils ont autant d'autorité pour fixer ainsi la date de cet ouvrage que j'en aurois à reculer cette date de 1000 ans. Il est bien probable que ce livre est le plus ancien de la Bible. C'est le seul qui puisse être lu sans inspirer du dégoût ou de l'indignation. Nous ne savons pas en quel état se trouvoient les peuples appellés *Gentils* avant le temps des Juifs. Ceux-ci calomnioient toutes les autres nations ; et c'est d'eux que leur est venu la dénomination de Payens. Les gentils paroissent au contraire avoir été un peuple juste moral, nullement adonnés comme l'étoient les Juifs à la cruauté et à la vengeance ; quant à leur religion nous l'ignorons entièrement. Il paroît seulement qu'ils personnifièrent le *le vice et la vertu* en leur érigeant des statues comme de nos jours l'on en fait des tableaux. Il ne s'en suit pas de-là qu'ils en faisoient les divinités.

---

donnez-moi seulement ce qui me fera nécessaire pour vivre de peur qu'étant rassasié je ne sois tenté de vous renoncer et de dire : « Qui est le seigneur. Ou qu'étant contraint par la pauvreté, je ne dérobe et que je ne viole par un parjure le nom de mon Dieu. » Cette prière ne paroît nullement être de la plume d'un Juif : car les Juifs ne prioient que lorsqu'ils éprouvoient des revers, et l'objet de toutes leurs prières étoit la victoire, la vengeance ou les richesses.

Je passe actuellement au livre des pseaumes dont je ne ferai pas beaucoup mention. Les uns contiennent de bons principes, les autres de fort mauvais, la plupart ne se rapportent qu'à quelques circonstances absolument particulières aux Juifs d'alors et qui ne peuvent nous intéresser ; l'on en impose en les appellant les pseaumes de David. Le livre n'est qu'une collection de chansons de différens auteurs et qui vivoient à des époques éloignées les unes des autres. Le pseaume 136 n'a pu être écrit que quatre cents après le temps de David, et à l'occasion de la captivité des Juifs à Babylone, qui n'est arrivé qu'à cette distance de la mort de David. « Nous nous sommes
» assis sur le bords des fleuves de Babylone, et là, nous
» avons pleuré en nous souvenant de Sion ; ceux qui nous
» avoient enlevés nous disoient ; chantez-nous quelqu'un
» des cantiques de Sion.

De même que nous dirions à un anglais on a un Américain, chantez-nous une chanson américaine, etc.

Je ne fais cette remarque que pour montrer combien les rédacteurs de la Bible en ont imposé aux hommes ; ils ont, sans avoir égard ni au temps, ni au lieu, ni aux circonstances attachées aux différents livres les noms de personnes à qui il auroit été aussi impossible d'accompagner la procession de leurs propres funérailles.

Le livre des Proverbes n'est, comme celui des *Psaumes*, qu'une collection d'ouvrages de quelques autres nations que les Juifs. En outre, quelques-uns des proverbes attribués à *Salomon*, n'ont été écrits que deux cent cinquante ans après sa mort ; car il est dit au verset 1, du chapitre XXIII : « Les paraboles suivantes sont de Salo-
» mon, recueillies par *Ezéchias*, roi de Juda.

Il s'est écoulé deux cent cinquante ans entre le temps de Salomon et celui où écrivoit Ezéchias. — Lorsque le

nom

nom d'un écrivain est très-connu, on lui attribue souvent des morceaux qu'il n'a jamais fait. — C'est ce qui est arrivé probablement dans le cas de *Salomon*. Il paroit que les *proverbes* étoient des *espèces* de *bons mots* de ce temps-là, que tout le monde faisoit, et qu'on attribuoit ensuite à celui qui n'y a jamais pensé même.

Le livre d'*Ecclésiaste* ou du prédicateur, est avec vérité attribué à *Salomon*. — C'est un composé de reflexions solitaires et attristantes d'un vieux libertin, tel qu'étoit *Salomon*, qui, jettant un regard sur des scènes où il ne trouve plus aucune jouissance, s'écrie : Vanité des vanités ! — Ce livre est rempli d'expressions et de Métaphores peu intelligibles : la traduction les a probablement rendu tels : — on sent cependant que l'original a dû être fortement exprimé.

Salomon nous paroît avoir été spirituel, instruit, magnifique, extrémement débauché, et sur ses vieux jours mélancolique. — Il vécut librement, et mourut las de la vie à cinquante-huit ans.

Il vaut bien moins d'avoir sept cents femmes et trois cents concubines que de n'en point avoir du tout. — Cette jouissance, quoique en apparence elle soit portée au plus haut point, nous prive de tout le bonheur de l'attachement. — L'amour, tellement partagé existe à peine, et ne rend jamais heureux. — Salomon ne l'étoit pas ; comme il ne mit nullement à profit les moyens qu'il avoit de l'être ; comme malgré sa sagesse il ne fut point heureux, il ne mérite pas que nous le plaignons. — Quant à son livre et à ses sermons, ils sont peu utiles ; nous puiserons de meilleurs conseils, nous trouverons de plus frappans exemples dans l'histoire de sa vie. — La seule idée de *sept cents femmes* et *trois cents concubines* nous apprend plus que tout le reste : cette idée dit, dans

D

les termes les plus expressifs, que tout « n'est que vanité ». — Car il est bien impossible de trouver le bonheur dans la compagnie de ceux même que nous privons du bonheur.

Pour que notre vieillesse soit heureuse, il faut attacher notre esprit à des objets qui ne le quitteront pas pendant tout le temps de notre existence. — La vieillesse du libertin est dénuée de tout bonheur ; celle de l'homme uniquement propre au travail ne l'est pas moins. — Tandis que celui qui aura cultivé les différentes branches de la science possède une source inépuisable de plaisir et de paix. — L'étude de la science est, suivant moi, la vraie théologie. — Elle enseigne à l'homme comment il doit connoître et admirer le créateur : car les principes de la science ne sont susceptibles d'aucun changement ; ces principes datent de la création première, et sont d'extraction divine. — Que ceux qui connurent Francklin se rappellent que son esprit ne vieillit pas ; sa manière d'être fut paisible et calme. — Il n'eut de maîtresse que la science, qui est toujours jeune, toujours fraîche, et que les années ne font pas blanchir. — Il possèda en lui-même des plaisirs et des occupations sans fin ; tandis que celui qui en est privé, qui n'a pas d'objet qui puisse le fixer, ressemble au vieillard épuisé et sans forces, qui attend que la mort le délivre de son fardeau.

Les psaumes et chansons de *Salomon* sont assez jolis, mais ils ne méritent pas le titre de *divins* que le fanatisme leur a donné. — Les rédacteurs de la Bible les ont placé après le livre de l'*Ecclésiaste* ; ils ont été écrits suivant les chronologistes, mille quatorze ans avant *Jésus-Christ*, temps auquel Salomon n'avoit que dix-neuf ans, et s'occupoit à former son sérail de femmes et de concubines.

— Ils auroient dû un peu mieux arranger les choses, soit en passant ce fait sous silence, ou en choisissant pour la composition des ouvrages appelés *divins*, un moment un peu plus convenable que n'étoit celui où l'auteur s'occupoit à former un sérail, et se livroit à mille genres de débauche.

Ils auroient dû refléchir et se rappeler, qu'il s'écrit dans le livre d'*Ecclésiaste*, que tout « n'est que vanité ». — Que cette exclamation comprend aussi les *chansons* dans le nombre des *choses vaines*. — Ceci est d'autant plus probable en ce qu'il dit, ou qu'on lui fait dire, *Ecclésiaste*, chap. II. vers. 8. « J'ai amassé une grande quantité d'or et d'argent, etc. j'ai eu des musiciens et des musiciennes, etc. J'ai reconnu qu'il n'y avoit que vanité, et affliction d'esprit dans toutes ces choses ».

Les rédacteurs n'ont fait que la moitié de leur ouvrage ; ils ne nous ont donné que les paroles, et ont oublié de nous apprendre les airs, afin que nous puissions les mettre en musique.

Les livres dits des prophètes remplissent le reste de la *Bible* ; ils sont au nombre de seize, commencent par celui d'*Isaïe*, et finissent par celui de *Malachie*. — Au reste, j'en ai donné une liste en traitant du livre des Paralipomènes. — Tous ces seize prophètes vécurent, à l'exception des trois derniers, à l'époque où les livres des Rois et des Paralipomènes furent écrits. — Ces livres, cependant, ne font mention que de deux, *Isaïe* et *Jérémie*. — Je commence par ces deux, et je me réserve à parler du caractère général de ces hommes appelés prophètes en un autre moment.

Si l'on veut se donner la peine de lire le livre attribué à *Isaïe*, l'on verra que c'est un amas de matières sans arrangement et sans ordre. — Il n'offre ni commencecement, ni fin; et si l'on en excepte une petite partie, qui a un peu le caractère d'une histoire, et qui rend compte dans les premiers chapitres de quelques événemens, tout l'ouvrage n'offre qu'une suite de matières incohérentes, sans application, et dénuées de sens; un écolier n'écriroit pas des choses aussi absurdes. — C'est un ouvrage empoulé et pompeux, sans style et sans goût. — La partie historique commence au xxxvie chapitre, et se continue jusqu'au xxxixe. — Elle rapporte quelques faits du règne d'*Ezéchias*, roi de *Juda*, du temps duquel *Isaïe* vivoit. — Cette histoire commence et finit d'une manière subite et sans suite; elle n'a aucun rapport avec les chapitres qui la précèdent, ni ceux qui la suivent, ni même avec aucun autre chapitre du livre. — Il est probable que cette partie historique est l'ouvrage d'*Isaïe*, qui prit lui-même part aux événemens dont elle rend compte. — Tous les autres chapitres, excepté ce petit fragment historique, n'ont aucune liaison entre eux. — Un chapitre se nomme au commencement du premier verset, « prophétie contre *Moab* »; un second « prophétie contre Damas »; un troisième, « prophétie contre Babylone »; un quatrième, « prophétie contre l'Egyte »; un autre, « prophétie contre le désert de la mer »; un sixième, enfin, « contre la vallée de vision »; à-peu-près comme nous dirions l'histoire de la Capotte-Rouge, de la Belle-Endormie, etc.

J'ai prouvé, en parlant des deux derniers versets du livre des paralipomènes, et des premiers du livre d'*Esdras*, que les rédacteurs de la Bible ont mêlé et confondu les écrits des différens auteurs — Cette considération seule suffit pour détruire l'autenticité de la *Bible*, en prouvant, presque sans en laisser de doute, que les compilateur en ignoroient les auteurs. — Un exemple frappant de ceci se trouve dans le livre attribué à *Isaïe*. —— La dernière partie du XLIVᵉ chapitre, et le commencement du XLVᵉ. bien loin d'être l'ouvrage d'*Isaïe*, n'auront pu être écrits que par quelqu'un qui vécut au moins cent cinquante ans après la mort d'*Isaïe*.

Les chapitres sont une espèce de compliment que l'auteur veut faire à *Cyrus*, qui permit aux Juifs de s'en retourner à Jérusalem après leur captivité; de rebâtir la ville et le temple, comme nous le dit le livre d'Esdras. —— Les derniers versets du chapitre XLIV et les premiers du chapitre XLV parlent ainsi : « Qui dit à Cyrus; vous êtes le pasteur de mon troupeau, et vous accomplirez ma volonté en toutes choses ? Qui dit à Jérusalem; vous serez rebâtie; et au temple, vous serez fondé de nouveau ? —— Voici ce que dit le seigneur à Cyrus, qui est mon christ, que j'ai pris par la main pour lui assujettir les nations, pour mettre les rois en fuite ».

C'est mettre le comble à l'ignorance et à la mauvaise foi, qui ne caractérisent que trop les prêtres, que de nous dire que ce livre est l'ouvrage d'*Isaïe*. —— Celui-ci, suivant eux, mourut peu de temps après *Ezéchias*, c'est-à-dire, *six cent quatre-vingt-dix-huit* ans avant la naissance de *Jésus-Christ*; tandis que la loi de Cyrus, en faveur des Juifs et de leur retour, n'a existé, suivant eux, que *cinq cent trente-six* ans avant cette époque. —— Il y a donc entre ces deux temps une différence de cent soixante deux ans. —— Je ne pense nullement que les rédacteurs de la Bible aient écrit eux-mêmes ces livres; je crois qu'ils rassemblèrent différens essais anonymes, auxquels ils donnèrent les noms qu'ils crurent les plus convenables. —— Ils ont coopéré autant qu'ils ont pu à la fraude. —— ne pas découvrir l'imposture, qui n'a pu que les frapper, c'est s'en rendre auteu.s ou complices.

— On voit qu'ils ont sacrifié tout ce qui est vrai, tout ce qui est probable, pour donner à cet ouvrage romanesque une tendance continuelle, vers l'idée monstrueuse et révoltante de la conception du fils de Dieu par la vierge. —— Il est évident que chaque fait, chaque phrase qui en rendent compte, ont été martyrisés de mille manières ; en vain, ont-ils voulu leur attacher des significations qu'ils ne pouvoient avoir. —— Ils ont soigneusement placé les mots *Christ* et *Eglise* à la tête de chaque chapitre et de chaque page, afin d'entraîner, insensiblement et petit à petit, dans l'erreur, l'homme peu attentif et peu éclairé

« Une vierge concevra et enfantera un fils ». (*Isaïe*, chap. VII. ver. 14. L'on a partout et constamment publié cette phrase comme se rapportant immédiatement à la personne appelée *Jésus-Christ*, et à sa prétendue mère *Marie* ; la propagation de cette opinion a couvert de sang et de désolation le monde chrétien. —— Quoique je ne me propose point de réfuter des opinions de ce genre, quoique mon intention n'est que de démontrer la fausseté, la non-autenticité de la Bible, et de faire ainsi écrouler cette antique fabrique de la superstition, qui est basée sur cet ouvrage, je quitterai un instant la route que je me suis tracé, pour faire voir la fausse application de ce passage d'*Isaïe*. —— Je ne m'occuperai pas à examiner si *Isaïe* voulut ou non, jouer un tour au roi *Achaz*, à qui ce passage s'adresse. —— Je veux seulement prouver que ce passage ne se rapporte pas plus à Jesus-Christ et à sa mère, qu'il ne se rapporte à moi et à la mienne. —— Voici l'histoire. —— Le roi de *Syrie* et celui d'*Israël* firent la guerre à *Achaz*, roi de *Juda*, et avancèrent avec leurs armées vers *Jérusalem*. *Achaz* et son peuple prirent l'alarme ; et à ce que nous dit le verset 2 : « Le cœur d'*Achaz* et le cœur de son peuple fut saisi et trembla de crainte, comme les arbres de forêts tremblent lorsqu'il sont agités des vents ».

Dans cet état de choses, *Isaïe* promet à *Achaz*, au nom du *seigneur*, que les deux rois ne réussiront point contre lui; pour l'en assurer, il lui dit de demander un prodige. —— *Achaz* refuse, en disant qu'il ne veut pas tenter le *seigneur*. —— *Isaïe* dit alors, verset 14 : « C'est pourquoi le seigneur vous donnera lui-même un prodige; une vierge concevra et enfantera un fils, etc. »; et au *verset* 16 : « Car avant que l'enfant sache rejetter le mal et choisir le bien, les deux pays que vous détestez à cause de leurs deux rois seront abandonnés ». —— Voilà donc le prodige et le temps fixe auquel il doit s'accomplir, qui est « avant que l'enfant sache rejetter le mal et choisir le bien.

Isaïe s'étant ainsi engagé, a été forcé, pour éviter l'accusation d'être faux *prophète*, et les mauvaises suites qui auroient resulté de cette accusation, de faire en sorte que ce prodige s'opéra. Il n'a pas été, sans doute, plus difficile à *Isaïe* et aux prêtres, du temps où il vivoit, qu'il ne l'est à ceux de nos jours, de faire un enfant à une fille. —— Je ne prétends cependant pas connoître les arrangemens que fit *Isaïe* ; il dit, au verset 2 du *chapitre* suivant : « Et je pris des témoins fidels, *Urie*, sacrificateur, et *Zacarie*, fils de Barachie ; et m'étant approché de la promesse, elle conçut et enfanta un fils ». —— Voilà donc toute l'histoire. —— Et c'est en expliquant ce conte à leur manière, que le livre de saint *Mathieu*, et l'impudent égoïsme des prêtres de nos jours, ont prétendu baser la théorie qu'ils appellent « l'*Evangile* »; c'est ce *conte* dont-ils ont voulu prouver le rapport direct, avec cet être qu'il nomme *Jésus-Christ*, enfanté par un *esprit* qu'ils appellent *saint*, conçu par une femme promise en mariage, et ensuite mariée, qu'ils nomment *vierge*, *sept cent* ans après que ce conte fut fait. — Quand à moi, je déclare que cette théorie me paroît dénuée de probabilité et de vraisemblance; la fausseté de cette théorie est aussi certaine que ne l'est la vérité de Dieu (1).

Mais pour voir évidemment, et dans toute sa clarté, l'imposture d'*Isaïe*, examinons la suite de cette histoire dont il ne parle point, mais que nous trouverons au chapitre xxviii, du livre 2 des *Paralipomènes* ; et qui nous apprend que ces deux rois, bien loin de ne pas réussir contre *Achaz*, roi de Juda, comme *Isaïe* avoit prédit au nom du *seigneur*, défirent et détruisirent *Achaz*, et 120,000 des siens, pillèrent Jérusalem, et emmenèrent captifs 200,000 femmes et enfans. — En voilà assez de ce menteur; de cet imposteur Isaïe, et du livre qui porte son nom. — Je passe à celui du prophète « *Jérémie* ».

Ce prophète vécut au temps où *Nabuchodonozor* assiégea *Jérusalem*, pendant le règne de *Sédécias*, dernier roi de Juda. — Il est soupçonné même d'avoir trahi ce dernier en faveur des *assiégeans*. — Tous ces détails prouvent que le caractère de Jérémie offre bien de l'équivoque. — Dans le métaphore du Potier et de sa terre, *chap.* xviii ses prédictions sont faites d'une manière tellement adroite, qu'il se réserve toujours le moyen de s'en retirer en cas d'événement. — Il fait parler ainsi le seigneu. aux versets 7 et 8 de ce chapitre :

---

(1) Le 14me. verset du 7me. chapitre porte que l'enfant sera appelé *Emanuel*. — Ce nom n'a été donné ni à l'un, ni à l'autre des enfans. — Celui de la *promesse* (anglice *prophète* ou *prophétesse*) a été baptisé « *Maher-Shahu Chashbaz* »; et celui de *Marie* a été appelé *Jésus*.

« Quand j'aurai prononcé l'arrêt contre un peuple ou contre un royaume pour le perdre et pour le détruire jusqu'à sa racine. Si cette nation fait pénitence des maux pour lesquels je l'avois menacé, je me repentirai aussi moi-même du mal que j'avois résolu de lui faire ». — Voilà une sure retraite d'un côté : en voici une autre. (verset 9 et 10) : Quand je me serai déclaré en saveur d'une nation ou d'un royaume pour l'affermir, si ce royaume ou cette nation pèche devant mes yeux, et qu'elle n'écoute point ma voix, je me repentirai aussi du bien que j'avois résolu de lui faire ». — Voilà *Jérémie* à l'abri de tout événement. — Un prophète prédira ainsi sans jamais se tromper. — Ce genre de subterfuge, et cette façon de parler du tout-puissant ne convient qu'à un ouvrage aussi absurde que ne l'est la Bible.

Quant à l'autenticité du livre de *Jérémie*, il suffira de le lire pour décider d'une manière positive que *Jérémie* aura pu en écrire quelques passages, mais que la majeure partie n'est pas de lui. Rien n'est moins clair que la partie qu'on doit à peine appeller partie historique. Les mêmes faits sont répétés plusieurs fois, de plusieurs manières différentes, et contradictoires les unes aux autres. Ce désordre dure jusqu'au chapitre dernier, où l'histoire, dont tout ce livre n'a fait que rendre compte, recommence tout-à-coup et finit de même. — Ce livre paroît être un amas d'anecdotes déliées, décousues, de lieux et de personnes. — Les rapports différens et contradictoires que font les journaux de nos jours, des hommes et des choses, convertis en histoire sans ordre ni date, ne seroient pas plus ridicules ni moins croyables. — En voici quelques exemples :

Il paroît, d'après le 37me chapitre, que l'armée de

Nabuchodonozor, appelée armée des *Chaldéens*, assiégea *Jérusalem* pendant long-temps; mais qu'ayant entendu que l'armée de *Pharaon*, roi d'*Egypte*, marchoit au secours de la ville, elle se retira. —— Afin de rendre cette histoire, embrouillée et confuse, un peu intelligible, je crois devoir rappeler que *Nabuchodonozor* assiégea et prit Jérusalem du temps de Jehoiakin, prédécesseur de *Sédecias* ; que celui-ci fut nommé roi ou vice-roi par *Nabuchodonozor*, et que le second siége dont parle *Jérémie*, est celui qui a eu lieu après la révolte de *Sédecias* contre *Nabuchodonozor*. Ceci explique un peu les doutes qui s'étoient élevés sur le caractère de *Jérémie*, qu'on accuse d'avoir trahi en faveur de *Nabuchodonozor*, qu'il nomme le serviteur de Dieu. (vers. 10, chap. 43.)

Le 10me verset du 37me chapitre dit : « L'armée des *Chaldéens* s'étant donc retirée de *Jérusalem*, à cause de l'armée de *Pharaon* » *Jérémie* sortit de *Jérusalem* pour aller au pays de *Benjamin*, et pour y diviser son bien en présence des habitans de ce lieu ; » et étant arrivé à la porte de Benjamin, le capitaine qui étoit de garde à son tour à la porte, nommé *Jérias*, arrêta le prophète *Jérémie*, et lui dit : « Vous fuyez pour vous aller rendre aux *Chaldéens* ». *Jérémie* lui répondit : « Cela est faux ; je ne fuis point pour m'aller rendre aux *Chaldéens* ». *Jérémie* arrêté est ensuite examiné et conduit en prison, où il resta, comme le dernier verset du chapitre le dit. —— Le chapitre prochain rend compte de l'emprisonnement de *Jérémie*, qui ne s'accorde nullement avec l'histoire précédente, mais attribue son incarcération à une autre circonstance, pour laquelle il est nécessaire d'examiner le 21me chapitre. —— Nous y voyons (vers. 1.) : « *Sédecias* lui envoya *Phassur*, fils de *Melchias*, et *Sophonias*, fils de *Maasias*, prêtre, pour lui faire dire : « Consultez le Seigneur pour nous, parce que *Nabuchodonozor* nous attaque avec son armée, pour savoir si le Seigneur ne fera pas, pour nous délivrer, quelqu'une de ces merveilles qu'il a accoutumé de faire, et si l'ennemi se retirera ». *Jérémie* leur dit : (vers. 8.) « Et vous direz à ce peuple, voici ce que dit le Seigneur : —— Je mets devant vous la voie de la vie et la voie de la mort. —— Celui qui demeurera dans cette ville, mourra par l'épée, par la famine et par la peste ; mais celui qui en sortira et ira se rendre aux Chaldéens qui vous assiègent, vivra ; et son ame lui sera comme une dépouille qu'il aura sauvée ». —— Cette conférence finit subitement avec le 10me verset du 21me chapitre ; et telle est la grande confusion du livre de *Jérémie*, que les seize chapitres suivans nous parlent de diverses choses avant de terminer la conversation ; elle ne l'est qu'au verset premier du chapitre 38, qui dit : —— « *Saphation*, fils de *Mathan*, *Gedelias*, fils de *Phassur*, *Juchal*, fils de *Semelias*, et *Phassur*, fils de *Melchias*, avoient entendu les paroles de *Jérémie* à tout ce peuple, lorsqu'il leur disoit, voici ce que dit le Seigneur : —— « Quiconque demeurera dans cette ville, mourra par l'épée, par la famine et par la peste ; mais celui qui se retirera vers les Chaldéens, vivra, et il sauvera son ame. C'est pourquoi les grans dirent au roi (vers. 4.) : « Nous vous supplions de commander qu'on fasse mourir cet homme, car il affoiblit à dessein le courage des hommes de guerre qui sont restés dans la ville, et le courage de tout le peuple, en leur disant ces paroles qu'il a accoutumé de dire, parce que cet homme ne cherche point la prospérité, mais le malheur de ce peuple ». —— Nous voyons, au vers. 6, « qu'ils prirent *Jérémie*, et ils le jettèrent dans la basse-fosse de Melchias, etc. » —— Ces deux histoires sont clairement contradictoires ; l'une attribue son emprisonnement à ce qu'il voulut s'échapper de la ville ; l'autre, à ce qu'il prêchoit et prédisoit dans la ville. —— L'une nous dit qu'il fut saisi à la porte ; l'autre, qu'il ne l'a été qu'en conséquence de la plainte que firent les *grans* à *Sédécias* (1).

―――――――――――――――――

(1) J'ai remarqué que les chapitres 16 et 19 du livre premier des Rois, qui parlent de David et de Saül, se contredisent autant que les 37 et 38mes chapitres de Jérémie. —— Le 16me chapitre du livre premier des Rois, dit : « En même temps l'esprit du Seigneur se retira de *Saül*, et il étoit agité du malin esprit envoyé par le Seigneur ». Les officiers lui conseillèrent, pour y remédier « de faire chercher un homme qui sût pincer de la harpe »; et *Saül* dit (vers. 17) : « Cherchez-moi quelqu'un qui sache bien jouer de la harpe, et amenez-le moi. —— L'un d'entre ses officiers répondit : J'ai vu l'un des fils d'*Isaï* de *Bethléhem*, qui sait fort bien jouer de la harpe : c'est un jeune homme fort, propre à la guerre, sage dans ses paroles, d'une mine avantageuse, et le Seigneur est avec lui. Saül fit donc dire à Isaïe : —— Envoyez-moi votre fils *David* qui est avec vos troupeaux (verset 21). « David vint trouver *Saül*, et se présenta devant lui. —— *Saül* l'aima fort, et il le fit son écuyer ». —— (Verset 23.) Ainsi, toutes les fois que l'esprit malin, envoyé du Seigneur, se saisissoit de *Saül*, *David* prenoit la harpe et en jouoit, et *Saül* en étoit soulagé et se trouvoit mieux, car l'esprit malin se retiroit de lui ». —— Le chapitre 17 donne un détail tout différent, et dit que *Saül* connut *David* pour la première fois, lorsque celui-ci marcha contre le géant *Goliath*. —— Nous lisons au verset 55, lorsque *Saül* vit *David* qui marchoit pour combattre le *Philistin*, il dit à *Abner*, général de son armée : *Abner*, de quelle famille est ce jeune homme ? Abner lui répondit : Seigneur, je vous jure que je n'en sais rien. —— Et le

Le chapitre 39me nous offre un nouvel exemple de l'inexactitude de ce livre. —— Car, malgré tous les détails qui remplissent plusieurs chapitres, et plus particulièrement les chapitres 37 et 38, qui rendent compte du siége de la ville par *Nabuchodonozor*, le chapitre 39 commence comme si on n'avoit pas encore traité du siége, en disant (verset 1) : « La neuvième année de *Sédécias*, roi de Juda, au 10me mois, *Nabuchodonozor*, roi de *Babylone*, vint avec toute son armée assiéger *Jérusalem*, etc. etc. »

Un exemple bien plus frappant se présente au chapitre dernier et trente-deuxième. —— Ce chapitre parle comme si cette histoire, qui a été répétée plusieurs fois, n'étoit pas encore connue, et dit (verset 1) : « *Sédécias* avoit vingt et un ans lorsqu'il commença à régner, et il régna onze ans dans *Jérusalem*. Sa mère s'appeloit *Amital*, et étoit fille de *Jérémie* de *Lobna*. —— Il pécha devant le Seigneur, et commit tous les mêmes crimes que *Joakim*. —— (Verset 4.) Or la 9me année de son règne, le 10me jour du 10me mois, *Nabuchodonozor* marcha avec toute son armée contre *Jérusalem* ; il l'assiégea, et il bâtit des forts tout autour de ses murailles ».

Il n'est pas possible que *Jérémie*, ou même un écrivain quelconque, ait fait cet ouvrage. —— L'homme qui entreprendroit un ouvrage semblable, ne tomberoit pas

---

Roi dit : Enquérez-vous de qui il est le fils. —— Et lorsque David fut retourné du combat, après avoir tué le *Philistin*, *Abner* l'emmena et le présenta à *Saül*, ayant la tête du *Philistin* à la main. —— Et *Saül* dit à David : « Jeune homme, de quelle famille êtes-vous ? David lui répondit : Je suis fils de votre serviteur *Isaï*, qui est de Bethléhem ». —— Il est évident que ces deux histoires se contredisent. —— La Bible est trop clairement sans exactitude et sans vérité, pour mériter à peine qu'on la critique.

dans de pareilles erreurs. —— L'on ne peut, en lisant un pareil écrit, s'empêcher de croire et de dire que l'auteur en étoit nécessairement fou. —— Quant à moi, je pense que l'ouvrage est un amas d'anecdotes détachées, rassemblées par quelque mauvais faiseur de livres, qui aura donné à celui-ci le nom de *Jérémie*, parce que plusieurs événemens se rapportent assez au temps où il vivoit. —— Je donnerai deux exemples de la fausseté des prédictions de *Jérémie*, avant que de procéder aux autres livres de la Bible.

Il paroit d'après le 38me chapitre, que *Sédécias* envoya chercher Jérémie pendant qu'il étoit en prison; qu'ils eurent un entretien particulier, et que *Jérémie* conseilla très-fort à *Sédécias* de rendre la ville; « car, lui dit-il (verset 17), » si vous allez vous rendre aux *Princes* de *Babylone*, votre ame vivra, etc. » —— *Sédécias*, craignant que l'objet de leur entretien ne fût rendu public, dit à *Jérémie* (verset 25): « Si les grans apprennent que je vous ai parlé, s'ils vous viennent dire : Dites-nous ce que vous avez dit au Roi, et ce que le Roi vous a dit; ne nous cachez rien, et nous ne vous ferons point mourir. —— Vous leur répondrez : J'ai conjuré le Roi par une très-humble prière, qu'il ne me fît point ramener dans la prison de Jonathan, où je ne pouvois éviter la mort. —— Les grans étant donc venus, demandèrent à *Jérémie* ce qu'il avoit dit au Roi; et il leur parla selon que le Roi le lui avoit commandé ». —— Ainsi, ce prétendu homme de Dieu a pu mentir, pour servir à son intérêt particulier; car son objet, en se rendant auprès de *Sédécias*, n'étoit pas de lui faire cette demande; il ne lui a pas faite. —— Il se rendit, d'après les ordres du Roi, auprès de lui, et il profita de l'occasion pour conseiller à *Sédécias* de se rendre au Roi *Nabuchodonozor*.

Nous trouvons au chapitre 34 une prédiction ou prophétie ainsi conçue : (verset 2.) « Voici ce que dit le Seigneur, le Dieu d'*Israel* : « Je suis prêt d'abandonner cette ville entre les mains du Roi de *Babylone*, qui la brûlera. —— Et vous ne pourrez vous-mêmes échapper de ses mains; mais vous serez pris très-certainement, et vous serez livré en sa puissance ; vos yeux verront les yeux du roi de Babylone, et vous parlerez à lui bouche à bouche, et vous entrerez dans Babylone. Néanmoins, écoutez la parole du Seigneur ; *Sédécias*, roi de Juda, voici ce que le Seigneur vous dit : « Vous ne mourrez point par l'épée ; mais vous mourrez en paix : on vous brûlera des parfums, comme on en a brûlé pour les rois vos prédécesseurs ; et on fera le deuil pour vous, en criant : Hélas ! le Prince n'est plus ; car j'ai prononcé cet arrêt, dit le Seigneur ».

Mais au lieu d'être ainsi, le chapitre 52me nous apprend qu'il en arriva tout autrement (verset 10). —— « Le Roi de *Babylone* fit tuer les deux fils de *Sédécias* devant les yeux de leur père, etc. —— Il fit arracher les yeux à *Sédécias*, le fit charger de fers, et le roi de Babylone l'emmena à Babylone, et l'enferma dans une prison jusqu'au jour de sa mort ». —— Ceci prouve, à ne plus laisser un doute, que ces prophètes ne sont que des imposteurs. —— Quant à *Jérémie*, il n'éprouva aucune peine, n'essuya aucun mauvais traitement ; *Nabuchodonozor* le protégea, le recommanda au capitaine de sa garde. (Chap. 39, verset 12.) Prenez cet homme, lui dit-il ; ayez de lui tout le soin possible ; ne lui faites » aucun mal, et accordez-lui tout ce qu'il voudra ». *Jérémie* s'attacha ensuite à *Nabuchodonozor*, et prophétisa contre les *Egyptiens* qui avoient marché au secours de *Jérusalem* lors du siége. —— Voilà tout ce que nous dirons de ce prophète menteur, et de l'ouvrage qui porte son nom. — Je suis entré dans quelques détails en parlant des livres attribués à *Isaïe* et à *Jérémie*, parce que les livres des Rois et *Paralipomènes* en font mention. — Quant aux autres prétendus prophètes, je ne m'occuperai pas beaucoup d'eux ; j'en parlerai collectivement en traitant du caractère de ces hommes en général.

Dans la première partie de cet ouvrage, j'ai dit que le mot Prophète signifioit, en *langage* de *Bible*, Poëte, et que les métaphores, les essors extravagans que prirent les Poëtes Juifs, ont été considérés comme prophéties. — Je fonde cette opinion d'abord sur ce que les prétendues prédictions ou prophéties sont toutes dans le style poétique ; et en second lieu, sur ce que le mot *Prophète* est le seul qui me paroisse pouvoir remplacer celui de Poëte, que l'on ne trouve pas dans la *Bible*. — J'ai dit aussi que le mot *Prophète* se donnoit aux Musiciens. J'ai donné quelques exemples de ceci, tel que ce passage qui nous dit qu'une compagnie de Prophètes « qui prophétisèrent avec des lyres, de tambours, » des flûtes et des harpes, etc. » et que *Saül* prophétisa avec eux. — Il paroît de ce passage et de quelques autres du livre des *Rois*, que le nom de *Prophète* ne se donnoit qu'aux Musiciens et aux Poëtes, et que l'on donnoit celui de « *Voyant* » (1) à ceux qui prétendoient lire dans l'avenir, et connoître les choses cachées. — Ce n'a été qu'après qu'on ne s'est plus servi

---

(1) Je ne sais pas quel est le mot *hébreu* qui correspond avec « *Voyant* ». — Il se traduit en anglois par *Seer* ou *Sce-er*, qui a la même signification que le mot françois « *Voyant* », celui qui voit.

de

du mot « *Voyant* » que la signification qui lui étoit particulière s'est attachée au nom de Prophète.

Nous donnons le nom de *Prophète* à celui qui prédit des événements très-distans. — Les auteurs de l'*Evangile* sont parvenus à leur but, en faisant donner à ce nom une si vaste étendue ; ils appliquent, par ce moyen, ce qu'ils appellent les prophéties de l'*Ancien Testament* au *Nouveau*. — Mais, suivant l'Ancien Testament, les prédictions du *Voyant*, ou, si l'on veut, du *Prophète*, ne se rapportoient qu'aux événemens du moment actuel, ou d'une époque très-peu éloignée. — Tel, par exemple, que le résultat d'une bataille, d'un voyage, d'une entreprise quelconque, qui ne pouvoient intéresser que les hommes de ces temps, et nullement ceux des nôtres. — Nous avons déjà cité l'expression d'*Isaïe* à *Achaz* : « Une Vierge concevra et enfantera un fils ». Cette manière de *prophétiser* correspond exactement avec les contes de nos diseurs de bonne fortune, qui annoncent des richesses, des enfants, etc., etc. — L'imposture de l'Eglise dite Chrétienne, et non celle des Juifs ; l'ignorance et la superstition des hommes de nos jours, et non des anciens, ont élevé ces Musiciens, ces petits Poëtes, au rang et au nom de *Prophètes*. — Mais outre ce caractère général des Prophètes, ces hommes en avoient un qui leur étoit particulier. — Ils se rangeoient d'un parti quelconque, et prophétisoient pour ou contre un événement, pour servir à ce parti ; de même que les Politiques et les Poëtes de nos jours épousent les intérêts d'un parti en déployant leurs talens contre le parti contraire.

Lors de la séparation des *Juifs*, les nations de *Juda* et d'*Israel* eurent leurs Prophètes respectifs, qui se traitèrent de part et d'autre de menteurs, de faux Prophètes, etc. — Ceux de *Juda* prophétisèrent contre ceux d'*Israel*, et ceux d'*Israel* contre ceux de *Juda*. — Ces Prophètes de parti se montrèrent premièrement à l'époque de la division sous les deux Rois rivaux, *Rehoboam* et *Jéroboam*. Le Prophète qui maudit l'autel que fit construire Jéroboam, étoit de *Juda*. — Lors de son retour, un Prophète d'Israel le rencontra, et lui dit : (Rois, liv. 1, chap. XIII.) « Êtes-vous l'homme » de Dieu qui êtes venu de Juda ? Il lui répondit : Je » le suis. — Cet homme lui répondit : Je suis moi- » même Prophète comme vous (*c'est-à-dire de Juda*) ; » et un ange m'est venu dire de la part du Seigneur : » Ramenez-le avec vous en votre maison, afin qu'il » mange du pain et boive de l'eau. — Il le trompa » ainsi ». — L'histoire nous apprend que le Prophète de Juda n'y retourna plus ; car il fut trouvé mort sur le grand chemin, graces aux soins du Prophète d'Israel. — Cet événement mérita sans doute au Prophète d'*Israel* le titre de vrai, et à celui de Juda le nom de faux Prophète.

Au *chapitre* III *du livre* IV *des Rois*, nous trouvons un conte qui peut donner de grands éclaircissemens sur le caractère des prétendus Prophètes. *Sehostraphat*, Roi de *Juda*, et *Joram*, Roi d'*Israel*, avoient cessé leurs hostilités, et avoient formé une espèce d'alliance. — Ils s'unirent au Roi d'*Edom*, pour faire la guerre au Roi de *Moab*.

Après avoir réuni et fait marcher leurs armées, l'histoire dit « qu'il n'y avoit point d'eau pour l'armée ». — *Josaphat* s'écrie : « N'y a-t-il point ici quelque Pro- phète du Seigneur pour implorer par lui la miséricorde du Seigneur ? » L'un des serviteurs du Roi d'*Israel* répondit : « Il y a ici Elysée ». — (Ce Prophète étoit de *Juda*) « Et *Josaphat*, Roi de *Juda*, dit : « La parole du Seigneur est en lui ». — L'histoire nous dit alors que les trois Rois allèrent trouver *Elysée* : lorsque celui-ci vit le Roi d'*Israël*, il lui dit : « Qu'y a-t-il entre vous et moi ? Allez-vous-en aux Prophètes de votre père et de votre mère. — Le Roi d'*Israël* lui dit : « D'où vient que le Seigneur a assemblé ces trois Rois pour les livrer entre les mains de *Moab* ? » (Ceci se rapporte à l'extrême besoin d'eau qu'ils éprouvoient.) *Elysée* lui dit : « Vive le Seigneur des armées, en la présence duquel je suis : si je ne respectois la personne de *Josaphat*, Roi de *Juda*, je n'eusse pas seulement jetté les yeux sur vous ; et ne vous eussés pas regardé ».

Cette dernière réponse d'*Elysée* laisse éclater toute la rancune d'un Prophète de parti. — Mais examinons sa manière de prophétiser. (*Verset 16*.) « Maintenant, faites-moi venir un joueur de harpe. — Et lorsque cet homme chantoit sur sa harpe, la main du Seigneur fut sur Elysée, et il dit : (Il chanta, peut-être, avec accompagnement de harpe.) « Voici ce que dit le Seigneur : « Faites plusieurs fosses le long du lit de ce torrent ». Ainsi *Elysée* leur dit ce que le premier paysan auroit pu leur dire ; tout aussi bien qu'ella seule manière d'obtenir de l'eau, étoit de creuser la terre jusqu'à ce qu'on y parvînt.

Tous ces Prophètes qui, lorsqu'il s'agissoit de mentir, se ressembloient parfaitement, différoient cependant entre eux à d'autres égards. — Quelques-uns d'entre eux maudissoient à merveille et mieux que les autres. — Elysée étoit un de ce nombre. — Il maudit, au nom du Seigneur, quarante-deux enfans, que deux ours déchirèrent et dévorèrent. — Ces enfans étoient sans doute du parti d'*Israël*. — Vraisemblablement *Elysée* n'excelloit pas moins à mentir qu'à maudire, et qu'ainsi cette histoire est sans fondement quelconque. —— Mais il y avoit une autre classe de prétendus *Prophètes* qui s'amusèrent à expliquer des visions et des rêves. —— De ce nombre furent *Ezéchiel* et *Daniel*. —— Examinons si les ouvrages qui portent le nom de ces Prophètes sont ou ne sont pas d'eux. —— Nous ne pouvons donner aucune preuve de ceci ; mais je suis plutôt porté à croire que ces livres sont de *Daniel* et d'*Ezéchiel*. —— Je fonde cette opinion d'abord sur ce que ces ouvrages ne présentent pas, comme ceux attribués à *Moyse*, *Josué*, etc., des preuves certaines qu'ils ne sont pas écrits par *Ezéchiel* et *Daniel*. —— En second lieu, ils n'ont été écrits qu'après le commencement de la captivité babylonienne : il en est de même, je pense, de tous les livres de la Bible ; ces livres même prouvent qu'ils ne furent écrits qu'après le commencement de la monarchie juive. —— Enfin, parce que le style de ces ouvrages s'accorde parfaitement avec l'état où se trouvèrent ces hommes lorsqu'ils les firent. —— L'esprit et l'entendement des nombreux commentateurs de la Bible, qui ont employé ou plutôt perdu leur temps à vouloir expliquer cet ouvrage, s'en seroient bien trouvés, eussent-ils été emmenés captifs, comme le furent *Ezéchiel* et *Daniel*. Au lieu de s'être tourmentés en vain, ils eussent découvert qu'en pareil cas il leur eût fallu peindre leur position ou celle de leurs amis et compagnons d'infortune dans des termes obscurs.——

Ces deux livres diffèrent beaucoup de tous les autres. Ils ne sont composés que de rêves et de visions. —— Ceci est dû à ce que les auteurs en étoient forcés de déguiser toutes leurs opinions politiques ou autres par des expressions absurdes et métaphoriques. —— Comme prisonniers de guerre ou d'Etat, ils n'ont pu faire autrement. —— Ils prétendoient avoir fait un rêve ou avoir eu une vision, parce qu'ils ne pouvoient se rendre compte des faits qu'en s'exprimant de la sorte. —— Nous devons croire que les personnes auxquelles ils écrivoient ainsi les comprenoient, et que ce genre d'expression ne devoit être intelligible qu'à ces personnes. —— Nos commentateurs et prêtres se sont mis l'esprit à la torture pour découvrir ce que l'on n'a pas voulu qu'ils sachent, et ce qui ne les regarde point du tout.

Ezéchiel et *Daniel* furent emmenés prisonniers à *Babylone*, à l'époque de la première captivité, sous *Joakim*, neuf ans avant la seconde captivité, sous *Sédecias*. —— Les Juifs étoient alors nombreux; ils avoient des forces considérables à *Jérusalem*; et comme il est naturel que des hommes, dans la position où se trouvèrent *Ezéchiel* et *Daniel*, méditassent nécessairement la liberté de leur patrie et la leur, il ne l'est pas moins de s'imaginer que, pour faciliter leur correspondance et poser leurs plans, sans laisser aucun soupçon, ils se servissent d'un mode de communication obscure et secrète. —— Il est probable que c'étoit ainsi.—— Car si ces ouvrages n'avoient pas l'intention et le sens que je leur donne, ce ne sont que des misérables contes, des rêves, qui auroient suffi tout au plus pour diminuer l'ennui et la fatigue de la captivité. —— *Ezéchiel* commence en parlant d'une vision d'*animaux*, et d'une *roue* au milieu d'une autre *roue* : cette vision lui apparut sur les bords du fleuve de *Chobar*.

N'est-il pas possible que ces figures d'animaux ou de *Chérubins* signifiassent le temple de *Jérusalem*, où il existoit de pareils images. —— Et que la figure de la *roue* au milieu d'une autre *roue*, dont on s'est souvent servi pour exprimer un *plan* ou *artifice politique*, signifiât l'intention ou les moyens de reconquérir *Jérusalem*.

Dans la dernière partie de son livre, il croit être à *Jérusalem*; et parlant comme s'il étoit au temple, il se rappelle de sa vision du fleuve de *Chobar*; il dit, au chapitre 43, que cette dernière vision ressembloit parfaitement à la première. —— Ceci prouve que l'objet de ces rêves et de ces visions étoit la prise de Jérusalem.—— Quant aux interprétations romanesques de ces visions qu'ont essayé de donner les prêtres, en les convertissant en prédictions ou prophéties, et en les façonnant au temps et aux circonstances, nous n'y trouvons que le comble de la folie et du charlatanisme ecclésiastique.

Rien n'est plus absurde que de croire que des hommes emmenés captifs, dont le pays étoit conquis, dont les parens et amis étoient ou esclaves ou massacrés, puissent s'occuper à prédire ce qui arriveroit quelques milliers d'années après leur mort. —— Rien au contraire n'est plus naturel que de penser qu'ils concerteroient entr'eux la prise de Jérusalem et les moyens de se rendre libres.

Dans ce sens, le style qu'ils adoptèrent par nécessité, et non par goût, est loin d'être absurde ou déraisonnable. Mais si nous regardions ces ouvrages comme des prédictions, il est très-clair qu'elles sont fausses. —— Le 29me chapitre du livre d'*Ezéchiel* dit, en parlant d'*Egypte* : (verset 11) « Elle ne sera plus battue par le pied des » hommes, ni par le pied des bêtes, et elle ne sera » point habitée pendant quarante ans ». —— Ceci n'est jamais arrivé. —— Cette prédiction seroit donc fausse.—— Je finis ainsi cette partie du sujet.

J'ai parlé dans la première partie de cet ouvrage de *Jonas* et de la *baleine*.—— Ce compte est trop ridicule pour que nous en reparlions ; l'intention de l'auteur étoit peut-être de s'assurer jusqu'à quel point la sotte crédulité pourroit se porter. —— Il ne seroit pas moins ridicule de croire à la vérité d'un pareil conte, qu'il n'est absurde et impudent de vouloir ainsi en imposer aux esprits foibles.

J'ai déjà dit, en parlant du livre de *Job* et des *proverbes*, qu'il étoit difficile de s'assurer si plusieurs des livres de la Bible étoient dans le principe hébreux, ou s'ils ont été traduits en hébreu de quelques ouvrages des Gentils.

Le livre de *Jonas*, loin de parler des *Juifs*, traite entièrement des *Gentils*; et il est bien probable que cet ouvrage est des *Gentils* et non des *Juifs*. —— Peut-être fut-il écrit ce livre, pour montrer sous le vrai point de vue les prêtres et les prophètes. *Jonas* paroît d'abord comme ayant désobéi aux ordres qui lui furent donnés. —— Il s'enfuit pour ne pas exécuter sa mission de *prophète*, et s'embarque abord d'un vaisseau de Gentils qui faisoit voile de *Joppé* à *Tharsis*. —— Il fut assez ignorant pour croire qu'il se cacheroit ainsi du seigneur. —— Une grande tempête s'élève, et les matelots qui étoient tous *Gentils*, croyant que ce malheur provenoit de ce qu'il y avoit abord quelque criminel, convinrent de tirer au sort ; et ce sort tomba à Jonas —— Ils jettèrent, avant ceci, toute la charge du vaisseau à la mer pour le soulager. —— « Cependant *Jonas* étant descendu au fond du navire dormoit d'un profond sommeil. —— On questionna alors *Jonas* pour savoir d'où il venoit et qui il étoit ; il leur dit qu'il etoit *Hébreu* : l'histoire décrit la chose de manière à faire voir qu'ils le crurent coupable. —— Les Gentils au-lieu de le sacrifier sur le champ, comme l'eussent fait des prêtres ou des prophètes, comme *Samuel* fit envers *Agar*, et *Moyse* envers les femmes et les enfans ; les Gentils, dis je, essayèrent de le sauver aux dépens même de leur vie. —— L'histoire commence ainsi : « Cependant, (c'est-à-dire que malgré que Jonas fut à-la-fois Juif, la cause de tous leurs malheurs et de la perte de leur cargaison) cependant les mariniers tâchoient de regagner la terre, mais ils ne pouvoient, parce que la mer s'élevoit de plus en plus, et les couvroit de ses vagues. —— Ainsi ils crièrent au seigneur, et lui dirent : Nous vous prions, seigneur, que la mort de cet homme ne soit pas cause de notre perte ; et ne faites pas retomber sur nous le sang innocent, parce que c'est vous-même, seigneur, qui faites en ceci ce que vous voulez ». —— C'est-à-dire qu'ils n'étoient pas juges compétents du crime de *Jonas*, mais qu'ils croyoient que le sort qui lui étoit tombé étoit pour ainsi dire un décret du tout-puissant. —— La prière des Gentils prouve qu'ils crurent à l'existence de l'Être-Suprême, et qu'ils ne furent pas *idolâtres* comme les Juifs ont voulu faire croire. —— Mais revenons au fait. —— Les gentils voyant que la tempête et le danger qu'ils couroient augmentoient l'un et l'autre, jettèrent *Jonas* à la mer, où un grand poisson l'engloutit.

Considérons maintenant *Jonas* logé dans le ventre du poisson, et protégé entièrement de l'orage. —— L'on nous dit qu'il se mit à prier : mais la prière qu'il fait est prise de différentes parties du livre des *psaumes* ; elle est sans aucun ordre, ou suite, adapté au malheur, mais nullement à la position de *Jonas*. —— C'est une prière qu'un *Gentil*, connoissant un peu les *psaumes*, auroit pu faire. —— Cette circonstance suffit pour prouver que c'est un conte. —— La prière cependant, fait son effet, et l'histoire porte que « le seigneur commanda au poisson de rendre *Jonas* ; et il le jetta sur le bord ».

Jonas reçoit alors une seconde mission, et part comme prédicateur pour *Ninive*. — L'on croiroit que le souvenir de ses malheurs, de sa désobéissance qui en fut cause, et de l'heureux événement qui les termina, auroient pu le rendre bienfaisant et humain dans l'exécution de sa mission. — Mais non; il entre dans la ville en prononçant des malédictions, des imprécations, disant : « Dans quarante jours Ninive sera détruite ».

Examinons les derniers temps de sa prétendue mission la méchanceté, la malveillance d'un prêtre ou d'un prophète paroissent sous cette forme noir, que l'on donne à l'être qu'on nomme *Démon* ou *Diable*.

Jonas sortit ensuite de *Ninive*, et s'assit du côté de l'*Orient*. — Il attendit, avec une impatience qui caractérise fortement sa malveillance et sa méchanceté, la destruction de *Ninive;* mais il arriva que « les *Ninivites* crurent à la parole de Dieu, et que Dieu prit compassion d'eux, ne leur envoya pas les maux qu'il avoit résolu de leur faire ». — Ceci, suivant le *verset* 1 du *dernier Chapitre* fâcha Jonas « qui fut saisi d'une grande affliction ». — Il auroit mieux aimé que sa prédiction fut accomplie, et que *Ninive* fut détruite, et que tous ses habitans eussent péris dans les ruines.

Le caractère de ce prophète paroît encore plus clairement dans l'histoire de la Lierre, qui s'élève dans l'endroit de sa retraite pendant la nuit, le protège du soleil, et se flétrit et meurt le lendemain. — La colère du *Prophète* est si grande, qu'il veut alors se défaire de lui-même. — Il s'écrie « : La mort m'est meilleure que la vie » ! — Cette exclamation cause une espèce de remontrance de la part du seigneur, qui lui dit « : Pensez-vous avoir raison de vous fâcher pour ce lierre ? Jonas lui répondit : J'ai raison de me fâcher, jusqu'à souhaiter la mort. —— Le seigneur lui dit : Vous vous fâches pour un lierre qui ne vous avoit point coûté de peine, qui est cru sans vous, qui est né en une nuit, et qui est mort la nuit suivante. —— Et moi, je ne pardonnerois pas à la grande ville de Ninive, où il y a plus de six vingt mille personnes qui ne savent pas discerner leur main droite d'avec leur main gauche, et un grand nombre d'animaux. Cette conclusion contient et de la satyre, et la morale de la fable. —— Cette partie est une critique sur le caractère des prophètes, et sur tous les jugemens iniques et peu réfléchis, que suivant la Bible ils ont portés et prononcés contre des personnes de tout âge et de tout sexe. —— Tel, par exemple, que le *déluge*, la destruction des villes de *Sodôme* et *Gomorrhe*, l'extirpation des *Chananéens*, la destruction des enfans et des *femmes grosses*. —— Car la réflexion, « il y a plus de six vingt mille qui ne savent pas discerner leur main droite d'avec leur main gauche », s'applique aux enfans et à tous les cas. —— Cette satyre se rapporte aussi à la prétendue partialité du créateur pour une nation, plutôt que pour une autre.

La morale n'est pas moins évidente et moins bonne : elle tend à détruire l'esprit malfaisant de la prédiction ; dès qu'un homme prédit un événement malheureux, il désire de voir accomplir sa prophétie. —— Sa sensibilité, ses sentimens d'humanité cèdent à l'orgueil et à l'amour-propre. —— Sa prédiction se réalise-t-elle, il est au comble du bonheur; l'événement malheureux qu'il prédit n'a-t-il pas lieu, le chagrin l'accable. —— Ce chapitre combat aussi victorieusement les jugemens iniques, les ridicules prédictions des prétendus prophètes, que celui que Francklin fit d'Abraham et de l'étranger, détruit l'esprit d'intolérance et de persécution religieuse. —— Ainsi finit le livre de *Jonas*.

Quant aux parties poëtiques de la Bible, j'en ai parlé dans la première partie de cet ouvrage, et dans celle-ci. — J'ai dit que le nom de Prophète tenoit lieu de celui de Poëte. — Que les métaphores, les extravagantes saillies de ces *Poëtes*, dont la plupart sont absolument obscures et inintelligibles, avoient été changés en prétendues prophéties, auxquelles on donnoit un sens entièrement opposé à celui que leur destinoit l'auteur. — Les prêtres, en citant un passage, l'expliquent à leur manière, et son explication passe auprès de ceux qui l'écoutent ou le lisent pour le sens du passage. — La *Prostituée* de *Babylone* a été celle de tous les prêtres. — Ils se sont accusés les uns les autres de l'avoir entretenu tour-à-tour. — Tellement les explications qu'ils donnent s'accordent entre elles.

Il ne me reste actuellement à examiner que quelques livres dits des *Petits-Prophètes* ; comme j'ai prouvé que les *grands Prophètes* sont des imposteurs, ce seroit un manque de courage peu digne de moi d'attaquer les petits. — Qu'ils reposent entre les bras et sous les auspices des prêtres qui les élèvent et les soutiennent. — Moins on pensera à l'un et à l'autre, mieux on fera.

J'ai parcouru la Bible comme le bucheron parcoureroit un bois avec sa hache en abattant ces arbres. — Les voilà étendus par terre ; et que les prêtres les plantent de nouveau s'ils le peuvent. — Peut-être feront-ils quelques tentatives pour les redresser, mais je les défie de leur faire prendre racine. — Je quitte donc la Bibl pour m'occuper du *Nouveau Testament*.

NOUVEAU TESTAMENT.

LE Nouveau-Testament, dit-on, est fondé sur l'ancien : si c'est ainsi, l'édifice ne survivra pas aux fondations, et s'écroulera avec elle.

Il n'est pas du tout extraordinaire qu'une femme soit grosse avant que d'être mariée, et que le fils auquel elle donne le jour soit exécuté injustement : je ne vois aucune raison pour douter de l'existence de *Jésus*, de *Marie* et de *Joseph*. —— Ceci est une chose absolument indifférente; qu'importe que nous le croyions ou non. —— Il est cependant probable que ces personnes existoient, et ressembloient, à quelques égards, à la description qu'on nous en donne. —— Il en est ainsi de presque toutes les histoires romanesques; elles contiennent peu de faits véritables, mais elles sont fondées sur quelques événemens.

Je ne m'occuperai pas de l'existence ou de la non-existence des personnes dont nous parlons. —— Mon objet est de réfuter la fable de Jésus-Christ, telle qu'elle est racontée dans le *Nouveau Testament*, et de détruire la doctrine absurde qu'on a élevée sur cette fable. —— Ce conte, tel qu'on nous le présente, est obscène et diffamateur; il nous dit qu'une jeune femme, promise en mariage, est débauchée par un prétendu esprit, sous prétexte (*Saint-Luc*, chap. I, vers. XXXV), « que le » Saint-Esprit surviendra en vous, et la vertu du Très- » Haut vous couvrira de son ombre ». —— Joseph l'épouse malgré ceci, vit avec elle, et devient à son tour le rival du *Saint-Esprit*. —— Il est impossible que le plus effronté prêtre ne rougisse point de cette histoire, présentée comme elle vient de l'être sous son vrai point de vue (1).

L'obscénité, dans ce cas-ci, est une preuve non équivoque de la fausseté du conte. — La croyance en Dieu demande qu'elle soit séparée entièrement de fables qui puissent être interprétées d'une manière ridicule. — Cette histoire ressemble aux aventures amoureuses de Jupiter avec *Léda* ou *Europa*. — Elle prouve que la foi chrétienne est basée sur la *Mythologie*.

Comme l'historique du *Nouveau Testament*, ou du moins la partie qui traite de *Jésus-Christ*, ne comprend qu'un espace de temps, un peu moins de deux ans ; comme tous les événemens arrivent dans le même endroit, les contradictions si fréquentes et si marquées dont est rempli l'Ancien Testament, ne se rencontrent pas si fréquemment dans le Nouveau. — Le Nouveau, comparé à l'Ancien Testament, est, pour ainsi dire, la *petite pièce*, dont la brièveté empêche toute violation marquante des trois *Unités*. Il s'y trouve néanmoins d'éclatantes contradictions qui, jointes à la fausseté évidente des prétendus prophètes, démontrent assez que le conte de Jésus-Christ est sans vérité.

Je pose en fait d'abord, que l'accord qui règne entre les diverses parties d'un conte, n'en prouve pas la vérité, parce que ces différentes parties peuvent être vraies, sans que le conte le soit. — Je soutiens encore que le *défaut* d'accord entre les différentes parties d'une histoire, en prouve la fausseté. — Ainsi l'accord entre

---

(1). *Marie*, la prétendue mère de *Jésus*, et qu'on dit *Vierge*, eut plusieurs enfans, fils et filles. — *Voyez* St.-Mathieu, chap. XIII, vers. 55 et 56.

les parties ne prouve pas la vérité d'une histoire, tandis que le défaut de cet accord en démontre la fausseté.

L'histoire de *Jésus-Christ* est renfermée dans les quatre livres attribués à Saint Mathieu, Saint Marc, Saint Luc et St.-Jean. — Le premier chapitre de *Saint Mathieu* commence par la généalogie de *Jésus-Christ*. — Cette généalogie se trouve aussi au chap. III de *Saint Luc*. — Si ces deux généalogies s'accordent entre elles, la vérité n'en seroit pas prouvée ; elles auroient pu, malgré cet accord, cette ressemblance, avoir été fabriquées. — Mais comme, bien loin de s'accorder entr'elles, elles se contredisent à tous égards, la fausseté, la non authenticité en sont démontrées. — Si *Mathieu* dit vrai, *Luc* ment ; si au contraire celui-ci dit la vérité, le premier ment. — Comme nous ne devons pas ajouter foi plus à l'un qu'à l'autre, nous ne croirons ni l'un ni l'autre. — Comment croire à une histoire dont les premiers passages, les premières lignes ne sont que des mensonges et faux rapports. — La vérité est uniforme. — Quant à la révélation et à l'inspiration divine, en supposant que nous en admettions la possibilité et l'existence, nous ne croirions jamais qu'elles puissent être contradictoires. — De deux choses l'une. — Ou les hommes qu'on a appelé Apôtres sont des imposteurs, ou les ouvrages qu'on a attribués à ces hommes ne sont nullement d'eux, et sont au contraire écrits comme ceux de l'Ancien Testament, par d'autres.

Le livre de *Mathieu* donne, au chap. I, vers. VI, une généalogie depuis David jusqu'à *Jésus-Christ*, qui renferme vingt-huit générations. — *Saint Luc* en donne une qui contient quarante-trois générations. — Les deux noms de *Joseph* et de *David* sont les seuls qui se ressemblent sur les deux listes. — Je les donnerai toutes deux : afin de rendre la comparaison plus facile, je les ai placées toutes deux dans le même sens, c'est-à-dire, depuis *Joseph* jusqu'à *David*.

GÉNÉALOGIE *Selon St. Mathieu.*	GÉNÉALOGIE *Selon St. Luc.*
Christ.	Christ.
2 Joseph.	2 Joseph.
3 Jacob.	3 Héli.
4 Mathan.	4 Mathat.
5 Eleazar.	5 Lévi.
6 Eliud.	6 Melchi.
7 Achim.	7 Joanna.
8 Sadoc.	8 Joseph.
9 Azor.	9 Matathias.
10 Eliahim.	10 Amos.
11 Abiud.	11 Naum.
12 Zérobabel.	12 Esli.
13 Salathiel.	13 Naggé.
14 Jechonias.	14 Maath.
15 Josias.	15 Mattathias.
16 Amon.	16 Semeï.
17 Manassé.	17 Joseph.
18 Ezechias.	18 Juda.
19 Achaz.	19 Joanna.
20 Joatham.	20 Rhésa.
21 Ozias.	21 Zorobabel.
22 Joram.	22 Salathiel.
23 Josaphat.	23 Neri.
24 Asa.	24 Melchi.
25 Abia.	25 Addi.
26 Roboam.	26 Cosam.
27 Salomon.	27 Elmodam.
28 David (1).	28 Er.
	29 Jose.
	30 Eliezer.
	31 Jormi.
	32 Matthat.
	33 Lévi.
	34 Simeon.

(1) Mille ans se sont écoulées entre la naissance de *David* et celle de *Jésus-Christ*. Comme la vie de ce dernier n'est pas com-

prise, la liste ne contient que 27 générations complettes. —— L'âge de ces hommes, pris l'un dans l'autre, étoit donc de 40 ans, puisque 1000 divisé par 27 donne 40. - Comme la vie de l'homme d'alors étoit à-peu-près de la même longeur qu'elle l'est au-jourd'hui, il seroit absurde de croire que vingt-sept générations aient été toutes très-prolongées dans le célibat. —— Ceci est d'autant moins probable, que l'on nous dit que *Salomon*, successeur de *David*, avant l'âge de 21 ans, eut un sérail rempli de femmes et de maîtresses. —— Cette généalogie, loin de paroître vraie, est un mensonge très-mal fait, et qui ne peut être cru un seul instant. —— La liste de Saint Luc ne fait monter la vie de chaque homme qu'à 26 ans à-peu-près.

35 Juda.
36 Joseph.
37 Jonan.
38 Eliakim.
39 Melea.
40 Menan.
41 Mattatha.
42 Nathan.
43 David.

Mais si la fausseté et l'inexactitude éclatent dès le commencement de l'ouvrage de Mathieu et de Luc, lorsque ces écrivains ne parlent que de la généalogie de Jésus-Christ, comment pourrions-nous croire à leur témoignage, lorsqu'ils nous disent que *Jésus-Christ* étoit fils de *Dieu*, engendré par un esprit, et qu'un ange annonça le secret de sa naissance à sa mère ! —— Le défaut de vérité dans la partie la moins importante de l'histoire, nous met en droit de croire que ce défaut existe dans celle qui l'est beaucoup plus. —— Si nous découvrons que sa généalogie naturelle n'est pas authentique et véritable, à plus forte raison conclurons-nous que sa généalogie céleste ne l'est pas. —— Comment se peut-il que l'homme qui réfléchit puisse baser son bonheur sur un conte qui n'a pas la moindre apparence de vérité, qui répugne à la décence, et qui nous est transmis par des personnes atteintes et convaincues d'avoir menti ?

Ne vaut-il pas bien mieux s'arrêter à la pure et simple croyance un seul Dieu, s'en tenir au système du déisme, que de croire aveuglément, et malgré notre raison, à une foule de contes tous plus improbables et plus indécens les uns que les autres.

Examinons les livres du Nouveau Testament, comme nous avons examiné ceux de l'Ancien. —— Ces livres sont-ils ou ne sont-ils pas l'ouvrage de ceux à qui on les attribue ? Car ce n'est que parce qu'on a pensé qu'ils étoient écrits par les prétendus saints, qu'on a ajouté foi aux faits peu croyables qu'ils racontent. Sur ce point, il n'existe aucune preuve directe ni pour ni contre. —— La chose est absolument douteuse. —— L'action de douter est opposée à celle de croire. —— Notre incertitude pourroit être considérée comme une preuve de la non authenticité de ces ouvrages.

Tout nous mène à croire que les livres attribués aux quatre Evangélistes, *Saint-Mathieu*, *Saint-Marc*, *St.-Luc et Saint-Jean* ne sont pas d'eux. —— Le peu d'ordre qui règne dans ces livres, le silence d'un historien sur des faits importans rapportés par l'autre, les contradictions nombreuses qui s'y rencontrent, prouvent qu'ils sont écrits par quatre individus nullement liés ensemble (comme l'on prétend qu'étoient les Evangélistes) et qu'ils vécûrent longtemps après que les événemens dont ils veulent rendre compte ont eu lieu. —— Ces quatre livres, semblables à tous ceux de l'ancien testament, sont l'ouvrage d'hommes dont ils ne portent pas le nom.

L'histoire de l'annonce, faite par l'Ange, de ce que l'Eglise appelle la *Conception immaculée*, est racontée par *Saint Mathieu* et *Saint-Luc*, et ne l'est point du tout par *Saint-Marc* et *Saint-Jean*. —— Saint-Mathieu dit que l'Ange apparût à *Joseph*, Saint-Luc prétend qu'il apparût à *Marie*. —— Mais Joseph et Marie ne peuvent être témoins dans leurs propres affaires. Croirions-nous à la femme qui nous assureroit qu'un esprit lui fit un enfant, et qu'un ange lui annonça que ce devoit être ainsi; certainement nous ne la croirions point. —— Pourquoi donc ajouter foi à la même histoire qui se rapporte à une personne que nous n'avons pas vu et qui nous est transmise, nous ne savons par qui ni comment » qu'il est inconséquent que des circonstances qui donneroient un démenti formel à un conte probable, soient produites comme preuves de la vérité d'une histoire qui porte avec elle tous les caractères de l'improbabilité et de l'imposture.

L'histoire du massacre des enfans par *Hérode*, appartient uniquement à *Saint-Mathieu*. —— Les trois autres n'en font aucune mention. Cet événement eut-il eu lieu, eut frappé nécessairement tous ces écrivains, et eut été rapporté par tous. —— L'historien nous dit que *Jésus* fut sauvé, parceque *Joseph* et *Marie* avertis par un Ange, prirent la fuite, et partirent pour l'*Egypte*. Mais l'auteur ne nous dit pas par quel moyen Saint-Jean fut sauvé. —— Saint-Jean qui demeura, s'en est tiré tout aussi bien que Jesus qui se sauva. —— Ce fait seul prouve combien l'histoire est mensongère.

Ces auteurs ne s'accordent pas entre eux sur l'inscription qu'on posa sur la Croix. —— Saint-Marc dit que Jesus fut crucifié á la troisième heure, c'est-à-dire à neuf heures du matin, et Saint-Jean dit qu'il ne l'a été qu'à la sixième, c'est-à-dire à midi. (1)

---

(1) Selon *St Jean*, le jugement n'a été rendu que vers la sixième heure, c'est-à-dire à midi; par conséquent, il n'a pu être exécuté que l'après midi. —— *St-Marc* dit expressement qu'il fut crucifié vers la 3me heure, c'est-à-dire à 9 heures du matin (chap. xv. vers. 25). St-Jean chap. xix. vers. 14.

L'inscription est ainsi donnée dans les différens litres.
St-Mathieu . . . . . . « C'est *Jésus* le roi des Juifs ».
St-Marc . . . . « Le roi des Juifs ».
St-Luc . . . . « Celui-ci est le roi des *Juifs* ».
St-Jean . . . . « *Jésus* de Nazareth roi des Juifs ».

———————

Nous pouvons conclure de toutes ces circonstances, peu importantes qu'elles soient, que ces écrivains n'étoient pas présens aux événemens dont ils parlent. —— Le seul des prétendus apôtres qui nous paroisse avoir approché de la vérité, c'est *St-Pierre* ; qui lorsqu'on l'accusa d'être un des sectateurs de Jésus-Christ (St-Mathieu, chapitre xxvi. verset 74) « le nia une seconde fois, en disant avec serment, je ne connois pas cet homme ». —— L'on veut donc que nous croyons à St-Pierre, qu'ils savoient eux-mêmes être *parjure* —— Le compte que nous rendent ces quatre livres des circonstances qui accompagnèrent la crucifixion est absolument différent.

Le livre attribué à St-Mathieu dit : « Depuis la sixième jusqu'à la neuvième heure, toute la terre fut couverte de ténèbres : le voile du temple se déchira en deux depuis le haut jusqu'au bas, la terre trembla, les pierres se fendirent, les sépulcres s'ouvrirent, et plusieurs corps des saints qui étoient dans le sommeil de la mort, resuscitèrent; ils vinrent dans la ville sainte, et furent vus de plusieurs personnes ». —— Tel est le compte marquant et fortement détaillé que nous donne l'auteur du livre de St-Mathieu : compte qui cependant n'est appuyé par aucun autre témoignage.

L'auteur du livre attribué à St-Marc, en parlant de la crucifixion, ne fait aucune mention du tremblement de terre, de l'ouverture des sépulcres, ni de la resurrection des morts. —— L'auteur du livre de St-Luc n'en dit pas un mot non plus. —— Quant à l'auteur du livre de St-Jean, il donne un détail circonstancié de la crucifixion et de la sépulture de Jésus-Christ ; mais ne parle nullement des ténèbres, du voile, du temple, du tremblement de terre, des pierres, des sépulcres ni des morts.

Si ces événemens fussent arrivés, si les auteurs de ces ouvrages en eussent été témoins ; si enfin ces auteurs fussent les quatres prétendus évangélistes, ils ne leur eût pas été possible en leur qualité d'historiens de taire ces grands événemens. —— Ce sont des faits trop marquans pour qu'on puisse les ignorer, et trop remarquables pour qu'on ne les transmette pas à la postérité. —— Tous ces auteurs, ou prétendus apôtres, furent nécessairement présens au tremblement de terre, s'il a existé. —— L'ouverture des sépulcres, la resurrection et l'apparition des morts, est un fait plus important encore. —— Le premier fait est dans l'ordre des choses, et très-posssible. —— Ce dernier est surnaturel, et auroit pu prouver à n'en plus laisser le moindre doute, la vérité de leur doctrine et de leur mission. —— Ce dernier fait fut-il vrai, eût rempli tout leur ouvrage. —— Tous les écrivains l'eussent choisi pour sujet. —— Ils ont, au contraire, tous parlé d'événemens peu importans, et se sont tus sur celui-ci, qui l'est beaucoup. —— Le seul écrivain qui en parle, loin de s'étendre sur un sujet aussi extraordinaire, n'y consacre que quelques lignes, quelques misérables versets.

Rien n'est plus aisé que de mentir ; mais il l'est bien moins de cacher ce mensonge et d'empêcher qu'il ne soit reconnu. —— L'auteur du livre de St-Mathieu auroit dû nous nommer les saints qui revinrent à la vie, et se promenèrent dans *Jérusalem* ; il auroit dû nommer les personnes qui les ont vu, car il n'a pas le courage de dire qu'il les a vu lui-même. — Se promenèrent-ils nuds ou habillés ; allèrent-ils ou n'allèrent-ils pas reclamer leurs maris , leurs femmes , leurs enfans et leurs propriétés ; furent-ils rétablis dans celles-ci sans difficultés , ou bien intentèrent-ils des procès contre ceux qui s'en étoient emparés ? — Enfin restèrent-ils sur la terre en suivant leurs différentes occupations , ou bien se sont-ils rendus à leurs tombeaux , et se sont-ils enterrés de nouveau ?

Rien , à la vérité , n'est plus étrange que de voir revenir à la vie une foule de *saints* dont personne ne parle, que personne ne dit avoir vu , et qui n'ont rien dit ni fait eux-mêmes. — Si les *Prophètes* se fussent trouvés du nombre , ils nous eussent dit bien des choses. — Ils ont, à ce qu'on prétend , prédit ces événemens ; ils eussent fait sans doute des prophéties posthumes avec des notes et des commentaires sur leurs premières prédictions , qui auroient , pour le moins , valu ceux que nous avons. — Si *Moyse*, *Aaron*, *Josué*, *Samuel* et *David* eussent été de cette resurrection, il ne seroit pas resté dans *Jérusalem* un juif de non-converti. — Si , au contraire , St-Jean-Baptiste se fût trouvé parmi les resuscités, avec quelques autres saints de ces jours ; ils eussent été reconnus de tout le monde ; ils eussent surpassé en renommée et en efforts pour l'acqérir tous les autres apôtres. — Mais au-lieu de tout ceci, ces saints se lèvent en une nuit comme le lierre de Jonas , pour se faner et mourir le lendemain.

L'histoire de la resurrection suit celle de la crucifixion; dans l'une et l'autre les contradictions nombreuses prouvent que les écrivains qui en rendent compte n'en furent pas témoins.

Le livre de St-matieu dit que lorsque le corps de Jésus-Christ fut déposé au sépulcre, les juifs demandèrent à

Pilate d'y faire apposer une garde, afin d'empêcher que son cadavre ne fût enlevé par ses disciples. —— En conséquence de cette demande, « ils scelèrent la pierre du sépulcre et y mirent des gardes ». —— Les autres livres ne disent rien de tout ceci ; et d'après tout il faut croire que cette cérémonie n'eut pas lieu. —— St-Mathieu parle cependant plus au long de ces faits ; et je reviendrai à cette partie de son livre qui en montrera la fausseté.

Le livre de St-Mathieu dit, (chap. XXVIII, vers. 1) : « Mais cette semaine étant passée, le premier jour de la suivante commençoit à peine à luire, que *Marie-Madeleine* et une autre *Marie*, vinrent pour voir le sépulcre, St-*Marc* dit que c'étoit au lever du soleil, et St-Jean dit que c'étoit au contraire au coucher, et qu'il étoit nuit ; St-Luc dit que c'étoit Marie-Madeleine, *Jeannne* et *Marie* mere de *Jacques*, et les autres qui étoient avec elles ». —— St-*Jean* dit au contraire que *Marie-Madeleine* vint seule. —— Ils ne s'accordent pas beaucoup entr'eux ; ils connurent tous *Marie-Madeleine*, qui avoit à ce qu'il paroît de nombreuses connoissance, il n'est pas impossible que sa réputation ne fût pas des meilleures.

Le livre de St-Mathieu continue en disant (vers. 2) : » Et tout d'un coup il se fit un grand tremblement de terre, car un ange du seigneur descendit du ciel, et vint renverser la pierre qui fermoit le sépulcre et s'assit dessus ». —— Les autres livres ne disent pas un mot du tremblement de terre, ni des autres événemens ; ils déclarent même qu'il ne s'est montré aucun *ange* au-dehors du sépulcre. —— St-Marc dit que l'ange étoit au-dedans du sépulcre assis à droite. ——St-Luc dit qu'il y en avoit deux qui se tinrent debout. —— St-Jean dit, enfin, qu'ils étoient tous deux assis, l'un aux pieds et l'autre à la tête du corps.

St-Mathieu dit que l'ange s'adressant aux femmes leur dit : « Il est ressuscité comme il l'avoit dit », et ces femmes sortirent. —— St-Marc dit que les femmes voyant que la pierre étoit ôtée, entrèrent dans le sépulcre, et que l'ange « assis à droite » leur dit cela. —— St-Luc dit qu'elles apprirent la nouvelle des deux anges qui se tenoient debout. —— Et St-Jean, enfin, que *Jésus* parla lui-même à *Marie-Madeleine*, qui n'entra pas dans le sépulcre, mais y regarda seulement.

Si ces quatre écrivains eussent été cités devant un tribunal, afin de prouver un « *alibi* » (car dans ce cas-ci ils s'efforcent à prouver l'absence d'un cadavre enlevé, à ce qu'ils prétendent, par des moyens surnaturels); s'ils eussent témoigné d'une manière aussi contradictoire qu'ils l'ont fait dans leurs écrits, ils eussent été avec raison punis comme *parjures*. —— Leur témoignage, leurs écrits nous sont cependant transmis comme l'effet de l'inspiration divine, comme la parole de Dieu.

L'auteur du livre de *Mathieu* rapporte ensuite un fait, dont aucun des trois autres ne parle. —— C'est à ce fait que j'ai promis de revenir.

La conversation des femmes étant finie, le récit continue ainsi : « Quelques-uns des gardes vinrent à la ville, et rapportèrent tout ce qui s'étoit passé aux princes des prêtres ; qui s'étant assemblés avec les sénateurs, et ayant délibéré ensemble, donnèrent une grande somme d'argent aux soldats, en leur disant : Dites que ses disciples sont venus la nuit et ont dérobé son corps pendant que vous dormiez ; et si le gouverneur vient à le savoir, nous l'appaiserons et nous vous mettrons en sûreté. —— Les soldats ayant reçu cet argent firent ce qu'on leur avoit dit ; et ce bruit qu'ils répandirent dure encore aujourd'hui parmi les juifs ».

L'expression « ENCORE AUJOURD'HUI » prouve que ce livre n'est pas l'ouvrage de St-Mathieu; qu'il n'a été écrit que long-temps après que les événemens, dont il prétend parler et rendre compte, sont arrivés. — Car ce genre d'expression suppose un long espace de temps intermédiaire entre l'événement et le récit. — Nous ne parlerions certainement pas ainsi d'un événement de nos jours. — En donnant à cette expression son vrai sens, nous y attacherions l'idée de quelques générations pour le moins ; car elle nous reporte, sans contredit, à une époque très-éloignée.

Ce conte est bien remarquable par son absurdité; l'auteur n'en a pu être qu'un homme foible et borné. — Les gardes ont pu dire avec vérité que le cadavre fut enlevé pendant qu'ils dormoient; mais il n'est pas possible qu'ils aient su comment, ni par qui cet enlèvement s'est effectué : néanmoins ils affirment que les disciples de Jésus ont enlevé son corps. — L'on n'écouteroit pas le témoignage d'un homme qui rapporteroit des événemens qui ont eu lieu pendant qu'il dormoit. — Cette espèce de témoignage est particulière à l'histoire sainte, et ne peut convenir qu'à un ouvrage qui, comme celui-là, est étranger à la vérité.

Les quatre auteurs parlent ensuite de l'apparition de Jésus-Christ après sa prétendue resurrection.

L'auteur du livre de St-*Mathieu* dit que l'ange qui étoit assis sur la pierre à l'entrée du sépulcre, dit aux deux Maries (chap. XXVIII, vers. 7): « Il sera devant vous en Galilée; c'est là que vous le verrez, je vous en avertis auparavant ». — L'auteur fait ensuite dire la même chose à Jésus-Christ. — Il les avertit de la même manière que l'ange, et elles s'en furent rapporter cet événement aux disciples de Jésus.

Nous voyons ensuite au verset 16 que « les onze disciples s'en allèrent en Galilée, sur la montagne où Jésus leur avoit commandé de se trouver. —— Et le voyant là, ils l'adorèrent ».

L'auteur du livre de *St-Jean* rapporte la chose d'une manière tout-à-fait différente de celle-ci. — Il dit (chap. xx. vers. 19) : « Sur le soir du même jour, qui étoit le premier de la semaine, les portes du lieu où les disciples étoient assemblés de peur des juifs étant fermées, *Jésus* vint et se mit au milieu d'eux, et leur dit : La paix soit avec vous ».

Ainsi, selon *St-Mathieu*, les onze se rendoient d'après l'ordre même de Jésus, en Galilée, pour le trouver sur la montagne, tandis que *St-Jean* nous dit qu'à la même heure ils étoient dans un lieu tout différent; qu'ils s'y trouvoient par la seule peur des juifs, et non en conséquence d'un ordre particulier quelconque.

L'auteur du livre de *St-Luc* diffère de St-Mathieu dans le compte qu'il rend de ce fait autant que St-Jean. — Il dit expressement que les *onze* se rassemblèrent à Jérusalem le soir du même jour de la resurrection de Jésus-Christ, qui se trouva présent (chap. xxiv. vers. 13 et 33).

Il n'est donc pas possible, à moins que nous n'admettions que les disciples aient menti volontairement, que les auteurs de ces ouvrages aient été du nombre des onze disciples. —— Car si comme le dit St-Mathieu, les onze se rendirent en Galilée ce jour-là par ordre de Jésus, St-Luc et St-Jean étoient nécessairement du voyage. —— Si au contraire nous croyons au récit de St-Luc et de St-Jean, le rassemblement eut lieu dans une maison à Jérusalem. —— St-Mathieu devoit en être. —— Il est donc évident que ces divers témoignages se choquent, se contredisent, et démontrent la fausseté de toute l'histoire.

L'auteur du livre de St-Marc ne dit rien du rendez-vous en Galilée ; il dit (chap. xvi. vers. 12) : « Après cela il apparut en une autre forme à deux d'entre eux, qui s'en alloient en une maison de campagne; ceux-ci le dirent aux autres qui ne le crurent pas ». —— St-Luc raconte la chose aussi à sa manière. —— Il dit que Jésus passa tout le jour sans paroître et ne le fit que le soir. —— Ceci détruit entièrement le récit de St-Mathieu, et le voyage en Galilée. —— Il dit que deux d'entr'eux « ce jour là même s'en alloient en un bourg nommé Emmaüs, éloigné de soixante stades de Jérusalem; et Jésus vint lui-même les joindre et se mit à marcher avec eux : il soupa avec eux; mais il disparut de devant leurs yeux, et se présenta au milieu d'eux le même soir à Jérusalem.

Tous ces divers rapports ne s'accordent que dans un seul point; c'est-à-dire dans la manière secrète dont *Jésus* se montra. —— Il n'apparut que sur la montagne en Galilée, ou dans la retraite des onze à *Jérusalem*. ——

Comment nous rendrons-nous raison de cette conduite bizarre, qui d'abord ne s'accorde nullement avec l'objet général de tous ces événemens, qui étoit de prouver à tout le monde que *Jésus-Christ* étoit resuscité; mais si au contraire on eût donné de la publicité à cet événement, les auteurs qui ont eu l'adresse de les inventer eussent été facilement découverts. —— Pour éviter que l'imposture ne fut reconnu, ils ont, autant que faire se pût, rendu la chose secrète.

Quant à ce que nous dit St-Paul, que *Jésus-Christ* a été vu par cinq cens personnes à-la-fois; St-Paul nous le dit et non les cinq cent. —— Ce témoignage est donc celui d'un seul homme, qui n'y croyoit pas lui-même au temps où ces événemens sont dits avoir eu lieu. —— En supposant que St-Paul ait écrit le xve *chapitre* de son épître aux *Corinthiens*, son témoignage n'est que celui d'un homme qui, devant un tribunal quelconque, viendroit affirmer que ce qu'il avoit d'abord dit étoit faux. —— L'on peut et l'on doit céder à la vérité et à la raison ; l'on a toujours le droit de changer d'opinion, mais cette liberté ne s'étend pas aux faits.

Examinons actuellement la conclusion de cette histoire ; l'ascension de Jésus. — Toute crainte des *juifs*, et toute autre considération quelconque doit actuellement disparoître. — Ce grand événement doit prouver d'une manière glorieuse la vérité de la doctrine de Jésus et de ses disciples, qui se sont occupés à prêcher, à promulguer cette doctrine.

La conversation ou de la retraite de Galilée, ou de celle de Jérusalem ne peut être citée comme preuve.

Ce dernier et grand événement doit faire disparoître à l'instant jusqu'à l'ombre du doute ; cet événement doit être, comme j'ai dit dans la première partie de cet ouvrage, aussi évident que le soleil en plein midi, il doit être aussi généralement reconnu et rapporté que la crucifixion paroît l'avoir été. — Point du tout. Car l'auteur du livre de *St-Mathieu* n'en parle pas, ni celui de *St-Jean*. — Certes ces écrivains qui donnent communément des détails circonstanciés, n'eussent pas gardé le silence sur ce grand événement, fut-il vrai. — L'auteur du livre de *St-Marc* en parle de manière à faire croire qu'il est las ou qu'il rougit de faire de pareilles histoires. — Il en est de même de *St-Luc*. — Ces deux derniers ne s'accordent pas quant à l'endroit où cet événement est arrivé.

Le livre de *St-Marc* dit que Jésus-Christ apparut aux onze lorsqu'ils étoient à table, à l'époque de leur réunion à Jérusalem ; il rapporte la conversation qui a eu lieu alors, et finit le conte de la manière la plus subite et la plus singulière, en disant que « le seigneur *Jésus*, après avoir ainsi parlé, fut enlevé dans le ciel, où il est assis à la droite de Dieu ». — L'auteur du livre de *St-Luc* dit que l'ascension a eu lieu vers *Bethanie*; « que vers la Béthanie, ayant levé les mains, il les bénit; et en les bénissant il se sépara d'eux et fut enlevé au ciel ». —— Et Mahomet aussi fut enlevé. —— Quant à *Moyse*, l'apôtre *Jude* nous apprend au *verset 9* « que *Michel* et le *diable* eurent une contestation touchant le corps de Moyse ». —— En ajoutant foi à des fables pareilles, nous croyons à des choses peu dignes du tout-puissant.

J'ai actuellement parcouru les quatre livres des prétendus Saints *Mathieu*, *Marc*, *Luc* et *Jean*; comme ces ouvrages ne parlent que d'événemens qui ont eu lieu dans l'espace de quelques jours, et qui se bornent presqu'en entier à la la ville de Jérusalem, je crois qu'il sera impossible de trouver une histoire quelconque, dans laquelle il y ait plus de mensonges éclatans, et d'absurdités contradictoires. —— J'avoue que je ne comptai nullement en trouver d'aussi éclatans, lorsque j'entrepris cet examen. Il est vrai que je n'avois alors ni bible, ni testament; mon existence me paroissoit alors approcher de son terme; et comme je souhaitois faire connoitre mes opinions religieuses, j'ai préféré le faire d'une manière peu détaillée et brière, à ne point le faire du tout. —— J'ai fait alors plusieurs citations de mémoire qui sont cependant exactes; et l'opinion que j'ai alors manifesté, étoit le résultat d'une conviction intime de la fausseté et de l'imposture de la Bible et du Nouveau Testament. —— Je crois que la chûte du premier homme, l'histoire de Jésus-Christ, son origine céleste, sa mort, dont le but étoit d'appaiser la colère divine et de procurer le pardon, et la vie aux hommes, ne sont que des fables, qui déshonorent la sagesse et la toute puissance du seigneur. —— Je crois que la vraie religion c'est le déïsme, c'est-à-dire celle qui ne reconnoit qu'un seul Dieu, qui ne croit qu'à l'existence d'un seul Dieu, et qui n'observe de culte qu'en imitant le caractère moral de ce Dieu, c'est-à-dire en pratiquant les vertus que nous appelons vertus morales; j'ai dit que je fondois sur cette croyance tout mon espoir de bonheur à venir. —— Je le répète et j'en prends Dieu à témoin.

Mais revenons à notre sujet; quoiqu'il soit impossible de découvrir les auteurs de ces quatre livres, et que ce doute, cette incertitude détruise plus ou moins toutes les raisons que nous pourrions avoir pour y ajouter foi, il ne sera pas difficile de nous assurer d'une manière négative, qu'ils ne sont pas l'ouvrage des personnes auxquelles on les attribue. —— Les contradictions nombreuses et manifestes qui s'y rencontrent prouvent deux choses. —— La première est que les auteurs de ces livres n'ont pu être témoins oculaires des faits qu'ils rapportent, et que par conséquent les livres ne sont pas écrits par les prétendus apôtres qui furent, à ce qu'on prétend, présens à tous ces événemens. —— La seconde que ces écrivains ne se sont pas réunis et concertés pour en imposer; que chacun d'eux a fabriqué son imposture à sa manière et séparément: —— Quant à l'inspiration divine, elle est hors de question; car ce seroit unir la vérité au mensonge que de lier ensemble l'impiration divine et la contradiction.

Quatre personnes toutes témoins oculaires d'un événement s'accorderont sans se concerter, quant au temps et au lieu où cet événement est arrivé. —— La connoissance que chacun a dû faire en son particulier, rend tout concert inutile. —— L'un n'ira pas dire que le fait s'est passé sur une montagne à la campagne, tandis qu'un autre dira qu'il a eu lieu dans une maison à la ville. —— L'un ne dira pas que c'étoit au lever du soleil, et l'autre que c'étoit à son coucher. —— D'un autre côté, s'ils se fussent concertés, leurs histoires différentes auroient eu de l'accord entre elles. — Dans ce dernier cas, le concert et l'accord peuvent tenir lieu de la vérité, de même que celle-ci rend tout concert inutile dans le premier cas. — Le défaut d'accord qui prouve que les auteurs ne se sont pas concertés, prouve aussi qu'ils n'eurent pas connoissance des événemens qui prétendent avoir eu lieu, et que par conséquent leur rapport n'est qu'un tissu de mensonges. — Il est donc clair que ces écrits ne sont l'ouvrage ni des prétendus apôtres, ni de personnes qui se soient concertés pour en imposer. — De qui sont donc ces ouvrages ?

Je n'aime pas à croire qu'il soit ici question de mensonge volontaire ; mais il existe ce genre de mensonge dans le cas de ces prétendus prophètes ; car prophétiser c'est mentir par profession. — Dans tous les autres cas, il est difficile de découvrir le progrès, les différens degrés par lesquels ce qui n'étoit dans le principe que supposition, devient, à l'aide de la crédulité, fait. — Mieux vaut-il ainsi en rendre raison que de le faire d'une manière peut-être à-la-fois trop exacte et trop sévère. — L'histoire de l'apparition de Jésus-Christ après sa mort, est un *conte de revenant* ; les personnes d'une imagination foible et craintive, d'une crédulité facile, ont pu y ajouter foi. — Des contes de cette nature avoient été faits peu de temps auparavant, à l'occasion de *Jules César* ; ces histoires prennent assez souvent origine dans la mort violente, ou l'exécution de quelque personne innocente. — Dans ces cas, la compassion se prête et étend le récit souvent au-delà de la vérité. — Un conte avancé ainsi petit à petit, au point de devenir à la fin *vérité certaine*. — Établissez un revenant ou un esprit, et la crédulité fera bientôt l'histoire de sa vie, de sa mort et des causes de son apparition. — Chacun raconte la chose à sa manière, de sorte que l'on fait bientôt autant d'histoires différentes de ce revenant, qu'on en a fait de *Jésus-Christ* dans ces quatre livres.

L'histoire de l'apparition de *Jésus-Christ* offre ce mélange extraordinaire du naturel et de l'impossible, qui fait distinguer le conte d'avec la vraie histoire. — On le fait entrer tout-à-coup et sortir de même les portes étant fermées ; il disparoît et reparoît subitement ; il a faim et il soupe. — Mais comme ceux qui font de pareils contes ne prévoient jamais tout, les auteurs de celui-ci, tout en nous disant que lors de sa resurrection, il laissa derrière lui les vêtemens qui le couvroient, oublient de nous apprendre comment il en trouva d'autres ; ou s'ils les trouva, ce qu'il en fit lors de son ascension. — Se rendit-il au ciel tout nud ou tout habillé ? — Ils ont eu soin de faire jetter à Elisée son manteau : mais ils ne disent pas comment il a pu ne pas être brulé. — Peut-être pensent-ils que notre imagination remplira tous ces vuides, et que nous penserons sans qu'ils nous le disent, que ce manteau étoit fait de quelque matière incombustible.

Les personnes qui ne connoissent pas à fond l'histoire ecclésiastique, penseront, peut-être, que le livre appelé *Nouveau Testament* existe depuis le temps de *Jésus-Christ*, de même qu'ils pensent que les livres attribués à *Moyse* existent depuis son temps. — Ceci n'est pas ; le Nouveau Testament n'a existé que trois cens ans après le temps où vivoit, à ce qu'on prétend, *Jésus-Christ*.

Il est absolument incertain à quelle époque les livres attribués à St-Mathieu, St-Marc, St-Luc et St-Jean parurent. — Nous n'avons pas l'ombre d'une donné qui mène à la connoissance de leurs auteurs, ni à celle du temps où ils furent écrits. — On auroit pu leur donner tout autre nom, les attribuer à tout autre prétendu apôtre. — L'original, le manuscrit de ces livres ne se trouve nulle part ; il en est de même des tables de pierre sur lesquelles ils prétendent que Dieu écrivit, qu'il donna ensuite à Moyse, et qui, à ce qu'ils disent, sont entre les mains des Juifs. —— En supposant qu'elles existassent, il n'y auroit aucun moyen de prouver de qui fut l'écriture originale. —— Dans le temps où ces livres furent écrits, on ne savoit pas imprimer ; la seule manière de les publier étoit donc d'en répandre des exemplaires écrits, qu'on pouvoit nécessairement faire ou changer à volonté, et qu'ensuite on pouvoit faire passer pour ouvrages originaux. —— Est-il naturel de croire que le créateur dans sa sagesse, confieroit si légèrement à l'homme sa volonté; l'est-il plus que nous basions notre croyance, notre foi sur de pareilles incertitudes ? Il nous est impossible de faire, de changer, ou même d'imiter l'épi de bled de sa formation, et nous pourrions augmenter, diminuer et changer de toutes les manières la parole de Dieu ? (1)

___

(1) Il se trouve déjà dans la première partie de cet ouvrage une expression dont je ne me suis point servi. —— La voici : « Le livre de St-Luc n'a été choisi qu'à la pluralité d'une voix seulement ». —— Ceci peut être vrai ; mais je ne l'ai jamais dit. —— Quelqu'un connoissant ce fait l'aura ajouté en forme de note à une des éditions, imprimées, soit en Angleterre, soit en Amérique; cette note aura été par la suite ajoutée à l'ouvrage ; et j'en deviens, de cette manière, auteur. —— Ceci est arrivé dans un espace de temps infiniment court; et malgré le secours de l'imprimerie qui empêche que les copies ne soient altérées, à plus forte raison, cette altération ou une autre quelconque aura bien aisément pu se faire à une époque bien plus éloignée de la publication première de l'ouvrage, et dans un temps où l'art d'imprimer étant inconnu chacun étoit maître de donner à son manuscrit le titre d'ouvrage de St-Mathieu, de St-Marc, de St-Luc ou de St-Jean.

Environ

Environ trois cent cinquante ans après le temps où *Jésus-Christ* vivoit, plusieurs écrits de ce genre furent répandus assez généralement. —— L'Eglise, qui devenoit alors hiérarchie, et se constituoit en gouvernement, s'en est emparé et en a fait l'ouvrage, que l'on appelle *Nouveau Testament*. —— L'on décida alors à la pluralité des voix, comme je l'ai déjà dit dans la première partie de mon ouvrage, si tel ou tel ouvrage seroit ou ne seroit pas reçu comme parole de Dieu. —— Les Rabbins décidèrent ainsi à l'égard des livres de la Bible.

Le but de l'Eglise d'alors, comme de celle d'aujourd'hui, étoit le pouvoir et les revenus; la terreur fut le moyen dont elle se servit pour parvenir à ce but. —— Il est donc naturel de croire que les écrits les plus merveilleux couroient plus de chances que tout autre, d'être choisis et adoptés. —— Ce choix est la seule garantie que nous puissions avoir de l'authenticité de ces livres.

Les disputes devinrent alors, et nombreuses et fortes entre les soi-disant chrétiens, non-seulement sur des points de doctrine, mais sur l'autenticité de ces livres. Dans celle qui eut lieu entre St-Augustin et Fauste, environ l'an 400, le dernier dit « que les Evangiles avoient été composés long-temps après les apôtres, par quelques hommes obscurs, qui, dans la crainte que l'on refusât d'ajouter foi à des histoires dont ils ne pouvoient être instruits, publièrent, sous le nom des apôtres, leurs propres écrits si pleins de bévues, d'opinions et de relations discordantes, que l'on n'y peut trouver ni liaison, ni accord entre elles » (1).

---

(1) Extrait de la vie de St-Paul, par *Boulanger*. —— Celui-ci l'avoit aussi extrait des écrits de *St-Augustin* contre *Fauste*.

G

Il dit encore en s'adressant à ceux qui pensent que ces livres sont réellement la *parole* de *Dieu* : « C'est ainsi que vos prédécesseurs ont inséré dans les écritures de notre *seigneur* bien des choses qui, quoiqu'elles portent son nom, ne s'accordent nullement avec sa doctrine. —— Cela n'est pas surprenant, puisque nous avons *souvent prouvé* que ces choses n'ont point été écrites par lui-même ni par ses apôtres, mais que pour la plupart elles sont fondées sur des contes, sur des bruits vagues, et ramassés par je ne sais quels demi-juifs, peu d'accord entre eux, qui néanmoins les ont publiés sous le nom des apôtres de notre seigneur, et leur ont ainsi attribués leurs *erreurs* propres et leurs *mensonges* ».

Cet extrait prouve qu'on est loin d'admettre l'autenticité des livres du *Nouveau Testament*, que l'on regardoit même ces livres comme des contes, des mensonges, à l'époque même où l'on décidât qu'ils étoient la parole de Dieu.

L'Eglise, à l'aide de la terreur et de la tyrannie de tout genre, l'emporta sur ses antagonistes, et mit fin à toute recherche. —— Miracle succéda à miracle; ils étoient alors universellement reçus comme tels, car l'on étoit forcé d'y croire bon gré malgré. ——Vint heureusement la révolution, qui a, pour ainsi dire, excommunié l'église, et qui l'a privé du pouvoir d'opérer des miracles. Elle n'en a pas fait un seul, malgré l'aide de ses nombreux saints; et comme elle n'a jamais eu plus besoin de miracles qu'aujourd'hui, nous sommes en droit de conclure que tous les prétendus miracles d'autrefois ne sont que contes et mensonges.

Si nous refléchissons pendant quelques instants à l'espace de temps intermédiaire qui s'écoula entre le temps où *Jésus-Christ* vécut, et celui ou le *Nouveau Testa-*

ment fut publié, nous verrons, sans même avoir recours à l'évidence de l'histoire, combien la vérité, l'autenticité de cet ouvrage peuvent être révoqués en doute. (1) — Celle du livre d'*Homère* est bien mieux établie que celle du *Nouveau Testament*, quoique le livre d'Homère soit plus ancien de 1000 ans. — D'ailleurs, c'est l'ouvrage d'un très-grand *Poëte*, que très-peu de gens auroient pu entreprendre, et que l'auteur n'auroit certainement pas attribué à un autre que lui-même. — Il en est de

---

(1) *Boulanger*, dans sa vie de *St-Paul*, a rassemblé de l'histoire de l'église et des écrits des hommes appelés pères, plusieurs faits qui font connoître les opinions qui prévalurent parmi les sectes des chrétiens, à l'époque où le testament fut proclamé parole immédiate de Dieu. — Les *Marcionites* (secte particulière) assuroient que les évangiles étoient remplis de faussetés. — Les *Manichéens* qui formoient une secte très-nombreuse au commencement du christianisme, rejettoient comme faux tout le *Nouveau Testament*, et montroient d'autres écrits tout différens, qu'ils donnoient pour autentiques. — Les *Corinthiens*, ainsi que les *Marcionites*, n'admettoient point les *actes des apôtres*; les *Eucralites* et les *Seveniens* n'adoptoient ni ces *actes*, ni les *épitres* de *St-Paul*. — *St-Jean* chrisostôme, dans une homelie qu'il a fait sur les *actes*, dit que de son temps, c'est-à-dire vers la fin du 4me siècle, bien des gens ignoroient le nom de l'auteur ou du collecteur de ces *actes*. — Les *Valentiniens*, ainsi que plusieurs autres sectes, accusoient ces écritures d'être remplies d'erreurs, d'imperfections, de contradictions. — C'est un fait que saint *Irénée* nous atteste. — Les *Ibionistes* ou *Nazaréens* qui furent les premiers chrétiens, rejettèrent tous les épitres de St-Paul, et le regardoient comme un imposteur. — Ils dirent qu'il étoit dans le principe *Payen*; qu'il vint à *Jérusalem*, et que voulant épouser la fille du prince des prêtres, il se fit circoncire; que ne pouvant obtenir cette fille en mariage, il écrivit, et contre les Juifs, et contre la circoncision, et contre toutes les ordonnances de l'église.

même des *Elemens d'Eulide*; il n'appartient qu'au grand géomètre de faire un pareil ouvrage.

Quant aux livres du *Nouveau Testament*, et surtout aux passages de ces livres qui parlent de la résurrection et de l'ascension de Jésus-Christ, tout homme qui aura pu faire des contes de revenans aura pu être auteur de celui-ci. —— La non-autenticité du Nouveau Testament est donc mille fois plus probable que celle d'*Homère* ou d'*Euclide*.

Nos prêtres, *curés*, *vicaires*, *évêques*, etc. feront à merveilles un sermon, ne traduiront pas moins bien un petit bout de *latin*, surtout si ce morceau de latin a déjà été traduit quelques centaines de fois; mais je demande si quelqu'un d'entre eux pourra faire un poème comme celui d'*Homère*, ou reculera les bornes de la science comme l'a fait *Euclide*. —— Les connoissances des neuf dixièmes des prêtres de nos temps se bornent à quelques notions d'une langue morte; ils savent à peine qu'un et un font deux, et cependant ils sont assez éclairés pour avoir été auteurs des livres du *Nouveau Testament*, eussent-ils vécu lors de la publication de ces livres.

Un écrivain n'auroit recueilli aucun avantage en prenant le nom d'*Homère* ou d'*Euclide*. —— S'il eût pu les imiter, il eût mieux fait de se faire connoître; s'il ne les égaloit point, il n'eût pas réussi. —— Dans le premier cas, l'orgueil et l'amour-propre l'eussent poussés à se montrer; dans le dernier cas, l'imposture eût été impossible.

Il n'en étoit pas ainsi du *Nouveau Testament*. —— Tout y rendoit l'imposture nécessaire. —— L'histoire la mieux imaginée, qu'on auroit pu publier à une époque éloignée de trois siècles de celle où sont arrivés les événemens dont elle rendroit compte, ne passeroit jamais pour histoire originale, sous le nom du véritable auteur. —— Toute certitude de succès se puisoit, je le répète, dans l'imposture; il falloit à l'église des bases sur lesquelles elle établiroit sa nouvelle doctrine : la vérité et les talens ont été nécessairement bannis et exclus du travail.

Rien n'est plus commun que de parler de revenans et d'esprits, surtout dans les cas de mort extraodinaire. —— Les Juifs croyoient facilement à ces sortes d'histoires, à l'apparition d'anges et de diables; ils s'imaginoient même si nous en croyons la sainte écriture, que les diables s'emparoient d'un être vivant, s'insinuoit dans son intérieur; que semblable à une attaque de fièvre, ils lui faisoient éprouver de terribles secousses; et qu'enfin ils furent expulsés de nouveau. *Marie-Madeleine*, suivant le livre de *St-Marc*, a accouché de sept diables. —— Il n'est donc pas étonnant que quelques histoires semblables aient été publiées sur le compte de Jésus-Christ; lesquelles histoires ont par la suite pu servir de bases aux livres attribués aux *St-Mathieu*, *Marc*, *Luc* et *Jean*. —— Chaque écrivain conta l'histoire à sa manière, et donna à son ouvrage le nom du saint ou de l'apôtre qu'il croyoit avoir été témoin oculaire des événemens, et y avoir joué un grand rôle. C'est en expliquant les choses ainsi, que nous rendrons, en quelque sorte, compte des contradictions sans nombre, dont ces ouvrages sont remplis. Si nous ne supposons pas les choses ainsi, les livres n'offriront qu'un amas d'impostures et de mensonges mal imaginés et mal écrits, et qui n'obtiendront pas un moment de croyance.

Il est bien évident qu'ils sont l'ouvrage de quelque demi-juif, comme le dit fort bien *Boulanger*. —— Les renvois fréquens aux ouvrages de *Moyse*, cet assassin, est imposteur par excellence, le prouvent bien. —— L'église a singulièrement secondé l'imposture, en affirmant que l'*Ancien* et le *Nouveau Testament* étoient liés l'un à l'autre, et avoient des rapports immédiats entre eux. —— On a bien soigneusement adapté un événement à chaque prédiction ; on a attaché à chaque phrase obscure un sens évident que l'avenir aura fait éclater.

Ils ont tellement tourné et retourné les choses, qu'à la fin ils sont parvenus à établir quelques liaisons entre toutes les parties de l'un et de l'autre ouvrage. L'histoire d'*Eve* et du *serpent*, qui, quoiqu'elle soit mal faite, ne s'écarte cependant pas de la nature ; (1) cette histoire, dis-je, a été érigée en prédiction et en promesse. —— La prétendue prédiction d'*Isaïe*, « qu'une vierge concevroit un fils » donne à *Ajaz* comme garant de la victoire ; tandis que ce roi fut entièrement défait, cette prédiction a aussi servi d'introduction à la naissance de Jésus-Christ.

Jonas et la *Baleine* ont aussi été de quelque utilité.—— *Jonas* signifie *Jésus-Christ*, et la *Baleine* signifie le tombeau ; car *Jésus-Christ* dit lui-même (St-Mathieu, chap. XVII. vers. 40) : « De même que *Jonas* passa trois jours et trois nuits dans les entrailles d'un grand poisson, ainsi le fils de l'homme passera trois jours et trois nuits dans les entrailles de la terre ».

Malheureusement *Jésus-Christ* n'y passa, suivant eux, qu'un jour et deux nuits ; environ 36 heures, au-lieu de 72. —— La nuit du vendredi, le samedi, et la nuit du

---

(1) L'inimitié de l'homme et du serpent, leur manière de se nuire réciproquement, sont assez fidèlement dépeints. —— (Genèze, chap. III) « Il te brisera la tête, et tu tâcheras de lui mordre le talon ». —— On a pas perdu de vue la nature dans ce peu de mots.

samedi : car, à ce qu'ils disent, il se promena le dimanche matin, avant le lever du soleil. —— Ce conte, joint à celui du serpent et d'Eve, du livre de la Genèse, et à celui de la vierge et de son fils, du prétendu prophète *Isaie*, seront une addition essentielle au grand monceau déjà existant d'histoires orthodoxes. —— Pour moi je quitte le *Nouveau Testament* pour examiner les

Epitres de Saint-Paul.

Ces épitres, au nombre de quatorze, remplissent presque tout le reste du Testament. —— Peu nous importe que ces épitres aient été écrites par la personne à laquelle on les attribue ; l'auteur se sert d'argumens pour faire adopter sa manière de voir ; il ne prétend nullement avoir été témoin, ni de la resurrection, ni de l'ascension, il déclare même qu'il n'y ajouta pas foi dans le principe. ——

L'histoire de son voyage à Damas n'offre rien de merveilleux ni d'extraordinaire. —— Il ne perdit pas la vie ; c'étoit, à la vérité, fort heureux que le tonnerre ne l'en ait pas privé, et qu'il ait été quitte en ne voyant pas clair pendant trois jours, et en étant obligé de jeûner pendant ce temps. —— Ses compagnons de voyage n'ont pas souffert, à ce qu'il paroît, car ils furent à même de conduire Paul. —— Ils ne virent non plus rien de l'événement extraordinaire.

St-Paul paroit avoir été d'un caractère extrêmement violent et bien fanatique. —— Il persécuta les chrétiens avec autant de chaleur qu'il mit ensuite à les convertir. —— Le coup de tonnerre changea sa manière de voir, sans porter la moindre atteinte à sa manière d'être ; il devint aussi zélé chrétien qu'il avoit été juif. —— De pareils hommes ne sont pas faits pour établir une doctrine, et servir de témoins des faits et des vérités sur lesquels cette doctrine doit appuyer. —— Ils sont trop outrés, et tombent trop dans un extrême, soit d'action ou de croyance. —— Il s'efforce de prouver par ses raisonnemens que la resurrection du corps est possible, et que cette resurrection a lieu ; il y puise même une preuve de l'immortalité. —— Quant à moi, je pense tout-à-fait autrement, j'en tire une conclusion tout-à-fait différente. —— La resurrection du corps, loin de fournir une preuve de l'immortalité, en forniroit, suivant moi, une contre. —— Car, comme le corps a déjà perdu la vie, que l'existence lui est rendue par la resurrection, l'on doit s'attendre à mourir de nouveau. —— Cette resurrection ne me garantit pas plus d'une seconde mort, qu'un accès de fièvre qui est passé ne me garantit de celui qui est à venir. ——

Pour pouvoir croire à l'immortalité, j'en dois avoir des idées bien plus élevées que celles que peut offrir la doctrine sombre et obscure de la resurrection. Qui plus est, comme c'est entièrement histoire de choix et d'espoir, j'aimerois mieux reprendre une forme plus commode que celle j'ai actuellement. —— Tous les animaux de la création ont à plusieurs égards une conformation plus avantageuse que la nôtre. —— Les insectes ailés, sans parler de la colombe ni de l'aigle, parcoureront en quelques minutes et avec la plus grande facilité, l'espace que l'homme parcourt à peine dans une heure. —— Le moindre petit poisson nous surpasse par la facilité et la promtitude de ses mouvemens. —— Le colimaçon lent et paresseux remontra du fond du dongeon où l'homme périroit; l'araignée se lancera du haut de ce même dongeon, guidée par des motifs de nécessité, ou même d'amusement. —— Les pouvoirs de l'homme sont si bornés, il est si peu propre par sa forme lourde à la jouissance, que nous sommes bien loin d'espérer que l'opinion de St-Paul ne soit fondée. —— Cette opinion étroite et bornée ne convient pas, d'ailleurs, à l'opinion sublime et élevée que nous devons nous former de l'immortalité.

Mais, mettons à part tout autre argument, la certitude, l'intime conviction de notre existence, est la seule idée que nous puissions avoir d'une vie future; cette certitude d'une existence prolongée au-delà de la vie actuelle, constitué l'immortalité. —— Cette existence ne se borne pas à la même forme ni à la même matière, même dans la vie actuelle. —— Notre corps n'est plus par la forme, ni par l'organisation intime, ce qu'il étoit il y a vingt ans, et cependant nous existons et nous sommes sûrs d'être la même personne que nous étions il y a vingt ans. —— Nos extrémités supérieures et inférieures, qui constituent à-peu-près la moitié de notre corps, ne sont nullement nécessaires pour nous assurer de notre existence; ces extrémités peuvent être enlevée sans que nous perdions la conviction intime de notre existence; nous la perdrions encore moins si ces membres fussent remplacés par des ailes, ou autres appendices quelconques. —— En un mot, nous ignorons quelle partie infiniment petite de notre être, crée en nous la certitude de notre existence. Toutes les autres parties, excepté celle-ci, ressemblent à la partie molle d'une pêche, ou d'un fruit à noyau quelconque; la quelle partie pulpeuse et molle est entièrement distincte, et séparée du point de végétation du noyau.

Qui est-ce qui nous fera voir et connoître par quel moyen la pensée se crée dans ce que nous appelons esprit. —— Cette pensée, cependant, deviendra peut-être immortelle; elle est même la seule production humaine qui en ait la possibilité. —— Des statues de bronze ou de marbre ne durent que pour un temps; les statues qu'on aura fait pour les imiter ne sont pas plus les mêmes statues, ni la même travail que la copie d'un tableau n'en est l'original. —— Il n'en est pas de même de la pensée ; tracez-la mille et mille fois sur du papier, gravez-la sur le bois ou sur la pierre, la pensée reste à tous égards la même. —— Elle a une existence que rien ne peut altérer : existence bien distincte et séparée de tout ce dont nous ayons connoissance, ou dont nous puissions nous faire une idée. —— Si nous admettons que la pensée, qui est de notre propre création, puisse devenir immortelle, nous trouvons une preuve assez forte que l'être qui a donné naissance à cette pensée peut le devenir également. —— Cette preuve constitue la certitude que nous avons de notre existence, qui peut être aussi indépendante de la matière à laquelle elle tenoit dans le principe, que la pensée l'est du marbre ou du papier sur lesquels elle aura pu être tracée.

Plusieurs parties de la création démontrent que la certitude d'existence ne dépend nullement de la même forme ni de la même organisation. —— La partie la plus considérable de la création animale prouve dix fois mieux que *St-Paul* ne l'a fait, la certitude de la vie future. —— Leur petite existence porte avec elle l'empreinte d'un état présent et d'un état à venir ; elle offre pour ainsi dire le tableau en miniature de l'immortalité.

La partie la plus belle de la création, ce sont les insectes ailées ; elles n'ont cependant pas leur belle forme, leur brillant éclat dans le principe ; elles les ont acquises peu-à-peu et par degrés. —— Le chenil d'aujourd'hui perdra demain, en quelque sorte son existence, tombera dans un état d'engourdissement qui ressemble à la mort ; mais bientôt il change de nouveau de forme et d'organisation, devient papillon, et présente à la vérité en petit, ce qu'il peut y avoir de plus brillant. —— Il ne reste aucun vestige de son ancienne existence ; tout est changé, toutes ses facultés sont renouvelées, la vie pour lui est tout autre que ce qu'elle étoit auparavant. —— La certitude de son existence est certainement restée la même pendant tout ce changement; pourquoi donc croirions-nous que la resurrection du même corps soit indispensablement nécessaire pour prolonger notre certitude d'existence.

Dans la première partie de cet ouvrage, j'ai dit que la création étoit la seule et véritable parole de Dieu. —— L'exemple que je viens de puiser dans le livre de la création prouve que c'est ainsi; que notre espoir d'une vie future est raisonnable, et fondé sur des faits évidens dans la création; car il ne nous est pas plus difficile de croire que nous existerons sous une forme plus agréable, et dans un état à tous égards préférable à celui où nous nous trouvons actuellement, qu'il ne nous l'est de croire que le chenil puisse abandonner la terre, se convertir en papillon et voltiger dans l'atmosphère.

Quant au chapitre 15me de l'épitre aux Corinthiens, et qui fait partie du service mortuaire de quelques sectes chrétiens; il est aussi dénué de sens que le son de la cloche. —— Ce chapitre n'offre rien à notre esprit, ne fournit rien à notre imagination; il n'a de signification que celle que l'on veut bien y attacher.

« Toute chair n'est pas, dit-il, la même chair, mais autre est la chair des hommes, autre la chair des bêtes, autre celle des oiseaux, et autre celle des poissons ». —— Que resulte-t-il de tout ceci ? Rien. —— Un cuisinier nous en auroit dit tout autant.

« Il y a aussi des corps célestes et des corps terestres; mais les corps célestes ont un autre éclat que les corps terestres ». —— Qu'en resulte-t-il ? Rien. —— Quelle est donc la différence : aucune, à ce qu'il paroit. —— « Le soleil a son éclat, la lune le sien et les étoiles le leur ». Qu'en résulte-t-il encore? Rien. —— Il nous dit à la vérité qu'une étoile est plus éclatante que l'autre, au-lieu de nous apprendre que les étoiles sont inégalement distantes; il auroit dû aussi nous dire que la lune n'étoit pas aussi brillante que le soleil. —— Tout ceci n'est que le jargon d'un escamoteur, qui rassemble des phrases qu'il ne connoit pas, et à l'aide desquelles il en impose aux esprits foibles et crédules.

Les métiers de prêtre et d'escamoteur, sont absolument les mêmes.

St-Paul, un peu plus loin, prétend à quelque connoissance en l'histoire naturelle, et cherche à prouver son système de la resurrection par celui de la végétation, en disant : « Insensé que vous êtes, ne voyez-vous pas que ce que vous semez ne prend pas vie s'il ne meurt auparavant ». —— Nous pourrions lui répondre : « Insensé que vous êtes, ne voyez-vous pas que ce que vous semez ne peut reprendre la vie si une fois il la perd » : la semence qui meurt ne végète point; les grains, la semence qui n'ont point perdu la vie, produisent seuls des épis. —— Mais la métaphore, comme comparaison, n'est ni exact, ni vrai. —— L'on ne peut comparer la succession à la resurrection. Les changemens que subit un animal, par exemple celui du chenil en papillon se rapportent parfaitement au cas actuel : l'exemple de la semence ne s'y rapporte nullement. —— Cet exemple prouve cependant que celui qui l'a cité mérite le nom de *Sot*, qu'il donne si librement aux autres.

Je ne m'occuperai pas à examiner si les épitres attribués à *St-Paul* sont ou ne sont point son ouvrage.—— Ces épitres sont ou argumens, ou dogmes. —— Sous le premier point-de-vue, ils ne remplissent point leur but, car ils n'argumentent pas ; sous le second point de vue, ils ne présentent que des hypothèses. Il en est de même du reste du *Nouveau Testament*. La théorie de l'Église soi-disant chrétienne se fonde sur ce qu'elle nomme évangile, sur les quatre livres attribués aux prétendus évangelistes *Mathieu*, *Marc*, *Luc et Jean*, et sur les prophéties. —— Elle n'a rien de commun avec les épitres. —— Ces derniers dépendent entièrement des premiers ; ils en partageront les destinées. —— Car si l'histoire de *Jésus-Christ* est démontrée être fausse, tout raisonnement basé sur cette histoire, comme sur une vérité reçue, tombera dès que la fausseté de cette histoire sera reconnue.

L'on nous apprend qu'un des principaux chefs de l'église, *Anathase*, vécut à l'époque où le Nouveau Testament fut rédigé ; nous pouvons juger d'après le jargon absurde qu'il nous a laissé, sous le titre de sa croyance, du caractère et des talens des rédacteurs du Nouveau Testament ; (1) la même histoire nous apprend que l'autenticité des livres dont cet ouvrage est composé, a été contestée à cette époque. —— C'est d'après l'avis d'hommes semblables à *Anathase* que l'on décida que le testament étoit la parole de Dieu. —— Au surplus, que peut-il y avoir de plus étrange que la manière de déterminer par la pluralité des suffrages, si tel ouvrage sera admis ou non comme parole de Dieu. —— Ceux qui fondent leur croyance sur une autorité semblable, mettent l'homme à la place de Dieu ; leur espoir de bonheur et de vie à venir ne repose que sur une base bien frêle, bien chancelante.

―――――――――――――――

(1) *Anathase*, à en croire la chronologie de l'église, mourut en 371.

La crédulité n'est pas un crime, mais elle devient criminelle en résistant opiniâtrement à la conviction. — Nous rendons vains, par cette opiniâtreté, les efforts que fait notre esprit, notre conscience pour parvenir à la vérité. — Nous ne devrions jamais embrasser une croyance qui répugne à ce qui est probable et vrai.

Je terminerai ici mon examen de l'*Ancien* et du *Nouveau Testament*. — Le témoignage que j'ai cité est extrait en entier de ces ouvrages. — Il agira comme l'épée à deux tranchans ; le rejette-t-on ce témoignage ou renie la sainte écriture dans laquelle ce témoignage est puisé ; l'admet-on, au contraire, l'on convient nécessairement de la fausseté des ouvrages que je me suis occupé à réfuter. — Les récits contradictoires, les détails peu vraisemblables, et même impossibles, dont l'Ancien et le Nouveau Testament sont remplis, ne peuvent être comparés qu'à celui qui, étant appelé en témoignage, rend son témoignage nul, et devient lui-même parjure, en faisant des déclarations qui se croisent, en témoignant le pour et le contre.

Si à une époque future, qui vraisemblablement n'est pas éloignée, la Bible et le Nouveau Testament tombent en désuétude, et ne sont pas admis comme histoire, mon travail n'y aura pour ainsi dire point contribué. — Je n'ai fait qu'extraire des preuves d'un amas de matières difformes et sans suite ; j'ai ensuite classé et arrangé les preuves de manière à ce qu'elles puissent être facilement saisies. — Quant à moi, ces preuves nombreuses et irréfragables m'ont suffi pour porter mon jugement ; je laisse à mon lecteur à porter le sien.

CONCLUSION.

J'ai parlé dans la première partie de cet ouvrage des trois fraudes majeures, savoir : la *Prophétie*, le *Mystère* et le *Miracle*. —— Les différentes réponses qu'on a fait à cette première partie, ne font aucune allusion à ce passage de mon ouvrage ; je me bornerai à faire ici quelque peu d'observations strictement nécessaires.

J'ai parlé aussi dans mon premier ouvrage de ce qu'on appelle la *Révélation*, et j'ai prouvé combien l'application de ce mot, aux livres de la Bible et du Nouveau Testament, étoit peu juste et mal fondée ; la *révélation* n'a certainement rien de commun avec le récit que fait un témoin oculaire d'un événement quelconque. —— La révélation n'est nullement nécessaire pour instruire un homme de ce qu'il a vu ou fait lui-même ; il en est pleinement instruit, il est à même d'en faire le récit verbalement ou par écrit, sans le secours de la *révélation*.

Il n'appartient qu'à l'ignorant, qu'au charlatan d'appliquer le terme de révélation à des cas semblables.

La Bible et le Nouveau Testament prennent, cependant, depuis un bout jusqu'à l'autre, le titre imposteur de *Révélation*.

La révélation considérée sous le point-de-vue actuel, suppose que Dieu fait connoître sa volonté, en la révélant à l'homme. Il est sans doute très-possible que le tout-puissant ait établi une pareille communication ; mais il n'existe certainement de révélation que pour la personne à laquelle le secret, la chose révélée, aura été immédiatement confiée.——Le compte qu'en rend cette personne à un tiers, ne peut être considéré comme revélation ; ajouter foi à ce compte, c'est croire à l'être qui la rendu ; et qui nous garantit que cet être n'aura pas été trompé ? Peut-être a-t-il rêvé ; il est encore possible qu'il soit imposteur, et qu'il ait menti. —— Nous n'avons certainement aucune donnée qui puisse nous assurer de la vérité de ce qu'il nous dit ; la morale la plus saine, les principes les plus purs, la vérité la plus reconnue, ne prouveroient point l'existence de la révélation. —— En pareil cas, voici la réponse qu'il nous convient de faire : « Je croirai à la révélation dès qu'elle m'aura été faite ; je ne pourrai y croire auparavant : je crois qu'il est de mon devoir de ne pas recevoir la parole de l'homme comme celle de Dieu, et de ne pas mettre l'homme à la place de Dieu ».

J'ai manifesté mon opinion sur la révélation de la même manière dans la première partie de cet ouvrage. —— Il faut laisser à la divinité, à qui tout est possible, la faculté de faire des révélations ; mais il faut ôter aux fourbes les moyens d'en imposer, en empêchant l'abus de la prétendue révélation.

Quant à moi, quoique j'admette ainsi la possibilité de la révélation, je ne crois nullement que Dieu ait établi entre lui et l'homme une communication, soit en lui signifiant sa volonté verbalement, soit en la lui faisant connoître par le moyen d'une vision, ou aucun autre moyen qui parle directement à ses sens. —— Le tout-puissant ne nous parle que par ses ouvrages, par cette répugnace que chacun sent pour ce qui est mal, et cette tendance particulière que chacun a vers le bien.

Les plus grands crimes qui aient souillé le genre humain, la plus affreuse misère dont les hommes aient été affligés, ont pris source dans la prétendue révélation, en ce qui est appelé la religion revélée. —— Cette religion a été à-la-fois deshonorante pour le tout-puissant, et destructive pour la paix et le bonheur des hommes.

Mieux vaudroit-il que nous recevions parmi nous, si la chose fût possible, mille démons qui prêcheroient la doctrine que nous supposerons pour un moment leur être particulière, que de souffrir qu'un imposteur, tel que Moyse, Josué, Samuel, ou tout autre prétendu prophète, vienne nous présenter ce qu'il appelle la parole de Dieu.

Quelle a été l'origine des assassinats sans nombre de nations entières d'hommes, de femmes et d'enfans, dont la Bible offre continuellement le tableau ? — Quelle a été l'origine des persécutions arbitraires, précédées de l'effroi, accompagnées de la torture et suivies de la mort ? Ces guerres de religion qui ont dévasté et ensanglanté toute l'Europe, où prirent-elles source ? — La religion révélée, la prétendue révélation que Dieu, à ce qu'on dit, fit à l'homme, ont causé tous ces maux. — Les mensonges de la Bible donnèrent naissance aux uns; ceux du Nouveau Testament la donnèrent aux autres.

Quelques chrétiens prétendent que la doctrine chrétienne n'a pas été établie par la force. — Mais, de quelle époque datent-ils leur assertion ? — Les douze prétendus apôtres n'ont pas, à coup sur, commencé à établir leur doctrine à force d'armes; mais les professeurs de cette doctrine se sont servi de ce moyen, dès qu'ils en furent les maîtres; ils ne se sont pas bornés aux armes, ils ont encore eu recours au bucher et à l'échafaud.

L'esprit de vengeance qui a, suivant l'histoire, porté Pierre à abattre l'oreille du serviteur du prince des prêtres, l'eût excité à lui abattre la tête, et à en faire de même de celle de son maître, l'eut-il pu.

La doctrine chrétienne se fonde en outre sur la Bible;

H

et celle-ci n'a été établie qu'à force d'armes : on ne s'est pas borné pour la faire adopter à un système de terreur ; l'édifice a été fondé sur des cadavres et cimenté avec du sang. —— Les Juifs ne s'occupèrent pas à convertir les peuples, ils les égorgèrent. —— La Bible enfanta le Nouveau Testament ; ces ouvrages sont appelés l'un et l'autre parole de Dieu : les chrétiens adoptent l'un et l'autre ; les ministres prennent l'un et l'autre pour thèse : la doctrine dite chrétienne est basée indistinctement sur l'un et l'autre. ——

Il est donc faux d'avancer que cette doctrine n'a pas été établie à force d'armes, et par des moyens arbitraires cruels.

Le seul secte auquel l'on ne puisse reprocher d'avoir persécuté, et d'avoir agi d'une manière arbitraire, c'est celui des *Quakers*. —— La raison en est qu'ils sont plutôt déistes que chrétiens ; ils ne croient pas beaucoup à Jésus-Christ, ils croient encore moins à l'Ecriture dite Sainte, qu'ils regardent comme étant tombée en désuétude, et comme histoire ancienne ; s'ils eussent donné à cette écriture un nom moins honorable, ils eussent approchés bien plus près de la vérité.

Il est du devoir de tout homme qui se sent pénétré de respect et d'amour pour le créateur, de tout homme qui desire diminuer le nombre de nos souffrances artificielles et de notre propre création ; de celui enfin qui s'occupe à détruire cette cause qui a jetté la discorde et la persécution parmi le genre humain ; il est, dis-je, de son devoir de combattre et de renverser jusqu'à la moindre idée de la *religion révélée*, comme étant hérésie à-la-fois dangereuse et impie.

Que nous a-t-elle apprise cette religion ? Rien d'utile à l'homme, et tout ce qui peut être deshonorant pour son créateur. —— La Bible, que nous enseigne-t-elle ? La cruauté, le pillage et le meurtre. —— Le Nouveau Testament, que nous mène-t-il à croire ? Que le *Tout-Puissant* débaucha une femme qui étoit promise en mariage : et cette croyance se nomme *Foi* !

Quant aux fragmens de morale qui se rencontrent en petit nombre dans ces ouvrages, ils ne font pas partie de la religion dite révélée. —— Ce sont des principes éternels et innés en nous, que notre cœur nous dicte ; ce sont des liens qui contiennent l'ordre social, et sans lesquels cet ordre social ne sauroit exister. —— Ces principes se trouvent les mêmes dans toutes les religions. —— Le testament n'apprend rien de nouveau sur ce point ; et dès que cet ouvrage veut outre-passer ces limites, il devient petit et ridicule.

La doctrine qui enseigne de rendre le bien pour le mal, est bien mieux conçue dans le livre des Proverbes, qui est une collection d'ouvrages, et des juifs et des gentils, qu'elle ne l'est dans le Nouveau Testament. —— L'on trouve au chapitre XXIV des Proverbes, verset 21 : « Si ton ennemi a faim, donnes-lui du pain à manger, et s'il a soif, donnes-lui de l'eau à boire. (1) Mais dire comme

_____

(1) Suivant le discours, qu'on appelle sermon de Jésus-Christ sur la montagne ; discours qui, entre autres bonnes choses, contient beaucoup de cette prétendue morale, cette doctrine n'étoit nullement celle des juifs. —— Elle est cependant beaucoup prêchée dans le livre des proverbes ; elle a donc été prise des gentils. —— Ces peuples que les juifs et les chrétiens traitent de payens, avoient des idées de justice, et de morale bien supérieures à celles que nous trouvons, soit dans la partie juive de l'Ancien Testament, ou dans le Nouveau.

La réponse de *Solon* à la question qu'on lui fit savoir : « Quel est le gouvernement populaire le plus parfait possible ? et presque sans égal, pour les maximes de le Nouveau Testament, que » si l'on te soufflette sur la joue droite, présentes sur-le-champ l'autre joue », c'est abaisser toute la dignité de la patience et de la modération ; c'est convertir l'homme en être absolument passif.

L'amour de nos ennemis est aussi un dogme que l'on a traité de dogme moral, et qui n'a aucun sens. —— Il est du devoir de l'homme moral de ne pas se venger des injures ; ce maxime pris sous le point-de-vue de la politique, n'est pas moins bon ; car la vengeance n'en finiroit point ; elle ne feroit alors que changer de nom, et nous l'appellerions justice, au-lieu de vengeance.

Proportionner notre amour et notre attachement à l'injure qui nous est faite, c'est décerner des prix au crime. —— Le mot *ennemi* est trop vague, trop général, pour que l'on puisse s'en servir dans des maximes de morale, qui exigent une grande exactitude, et doivent avoir la précision du proverbe. —— Si l'on appelle inimitié ce qui n'est que l'effet du préjugé ou de la méprise, comme il arrive souvent dans le cas d'opinions religieuses, ou même politiques ; si l'on confond ce sentiment leger avec celui de la haine invétérée et criminelle, l'on confond deux choses distinctes et séparées. —— Il y va de notre devoir et de notre bonheur de donner à une chose la meilleure construction possible. —— Il nous est moralement et physiquement impossible d'aimer ou de ne pas aimer à volonté et sans motif.

C'est injurier la morale que de lui prescrire des devoirs qui d'abord ne sauroit être remplis, et qui, s'ils le fussent,

---

morale politique qu'elle renferme ? « Le meilleur gouvernement, répondit-il, est celui où la moindre injure faite au plus petit individu, est considérée comme une insulte faite à la constitution ».

Solon vécut à-peu-près 500 ans avant Jésus-Christ.

produiroient le mal ; qui seroient, comme je l'ai déjà dit, des prix décernés au crime. —— La maxime de faire aux autres ce que nous voudrions que les autres nous fissent, ne renferme nullement l'étrange doctrine de l'amour de nos ennemis ; car il est éloigné de la nature, d'imaginer que l'amour puisse prendre origine dans le crime ou l'inimitié.

Les personnes qui prêchent cette étrange doctrine sont en général les persécuteurs les plus acharnés ; et il est dans l'ordre des choses qu'ils soient ainsi. —— La doctrine est celle de l'hypocrite ; et il est très-naturel que ce que fait l'hypocrite soit en sens contraire de ce qu'il dit. —— Quant à moi, je pense qu'une pareille doctrine est éloignée de la nature et de la vérité ; je défie, cependant, à un seul homme, ou à une association quelconque d'hommes, de dire que je les aie persécutés, soit dans le courant de la révolution d'Amérique ou dans celle de France, ou que j'aie, en quelque cas que ce soit, rendu le mal pour le mal. —— Nous sommes parfaitement libres de rendre le bien pour le mal, *et vice versâ* ; ceci est histoire de volonté et d'opinion, et nullement de devoir.

—— Il est absurde de penser qu'une pareille doctrine puisse faire partie d'une religion révélée. —— Nous imitons la morale du créateur en nous pardonnant mutuellement : car il nous pardonne à tous ; mais cette doctrine nous mettroit en droit de croire que son amour est en proportion du mal que nous faisons, et non du bien.

Considérons pour un instant notre position, et nous verrons que la prétendue religion révélée n'est nullement nécessaire —— Que desirons-nous apprendre ? La création, l'univers nous démontrent l'existence d'un tout-puissant, qui règle et gouverne tout ; ce témoignage n'est-il pas bien plus convaincant que celui que nous trouverions dans un livre que tout imposteur a pu fabriquer, en donnant à son ouvrage le titre *parole* de Dieu — Quant à la morale, elle existe dans notre cœur et notre conscience.

L'existence d'un *Etre-Suprême* nous est démontrée, malgré que nous ne saurions concevoir la nature intime de cet être, et les moyens par lesquels il existe. — Nous ignorons aussi par quels moyens nous existons, et cependant nous sommes convaincus de notre existence. — Nous sentons, sans contredit, que l'être qui nous a donné la vie peut exiger de nous un compte, de la manière dont nous l'avons employé. — Ne cherchons aucun autre motif de notre croyance; sachant qu'il peut le faire, nous devons croire qu'il le fera.

Bornons-nous à savoir que la chose est probable et possible; en fussions-nous pleinement instruits et convaincus, nous serions les esclaves de la terreur. — Notre croyance seroit dénuée de mérite, et nos meilleures actions de vertu.

Le déisme nous met à-la-fois à couvert de l'imposture et de la fraude, et nous apprend tout ce qu'il nous importe de savoir. — La création est la Bible du déiste. — Il lit dans des caractères que le créateur a tracé lui-même la certitude de son existence, et l'éternité de sa puissance. — Toutes les autres Bibles, tous les autres testamens sont pour lui de fausses éditions, des contrefaçons. — La probabilité qu'il y a que nous rendrons un compte de toutes nos actions, équivaudra pour l'homme qui réfléchit à la certitude, que la chose est ainsi. — Elle n'existera pas moins que nous y ajoutions foi ou non.

Tel est l'état où nous nous trouvons, état qui convient parfaitement à celui qui veut être libre. — Il n'appartient qu'au sot, et non au philosophe, ni même à l'homme

prudent, de vivre comme si il n'y avoit pas un Dieu.
—— La croyance de l'existence de cet être est tellement affoiblie par l'étrange fable de la doctrine chrétienne, par les ridicules avantures que rapporte la Bible, et par le galimathias peu raisonnable et peu décent que renferme le Nouveau Testament, que l'esprit de l'homme est pour ainsi dire enveloppé dans un épais nuage. —— Il considère à-la-fois le bon et le mauvais, il confond les faits avec la fable ; et ne pouvant croire indistinctement à tout, il se sent disposé à tout rejetter. —— Mais l'existence d'un *Dieu* forme une croyance distincte et séparée de tout autre, et qui ne doit être confondue avec aucune. —— La doctrine d'une trinité, ou de trois *Dieux*, a singulièrement nui à la croyance que nous avons en un seul. —— La multiplication des croyances agit aussi en les divisant ; et plus une chose est divisée, plus elle est affoiblie.

La religion, par ce moyen, devient une affaire de forme et non de fait ; une chose idéale, au-lieu d'un principe.

La morale est remplacée par une chose imaginaire, appelée la foi, laquelle a pris source dans une prétendue débauche.

L'on s'occupe des hommes et non de Dieu. —— Un prétendu jugement arbitraire devient un objet de reconnoissance. —— Les prêtres, les prédicateurs de cette doctrine se couvrent de sang, et croient en retirer un très-grand lustre, un brillant qui éblouit. —— Ils font un ennuyeux sermon sur l'immensité du sacrifice ; ils louent Jésus-Christ, et blâment les Juifs. —— L'homme qui écoute ces amas de folies et d'absurdités, confond le Dieu réel avec le Dieu des chrétiens, et croit à la fin qu'il n'en existe aucun.

Le système de religion qui rétrécisse le plus l'idée élevée que nous devons nous faire de l'Etre-Suprême, qui répugne le plus à la raison, qui plus que tout autre laisse un vuide pour nos sens, c'est la religion chrétienne.

Elle est trop absurde pour que nous puissions y croire, trop impossible pour qu'elle puisse nous persuader; elle attiédit le cœur, et ne produit que des athées ou des fanatiques. —— Elle donne au despotisme un moyen arbitraire; elle fournit à la cupidité des prêtres des moyens de s'enrichir; mais elle ne coopère en rien au bonheur des hommes, ne leur procure rien, ni pour le présent, ni pour l'avenir.

La seule religion qui paroisse avoir une origine divine, c'est le *déïsme*. —— C'est à celle-ci que l'homme a cru dans le principe; c'est à celle-ci qu'il croira probablement en dernier lieu. —— Cette religion trop pure, ne convient point aux gouvernemens despotiques. —— La religion ne leur est utile qu'autant qu'elle est parsemée d'inventions humaines, qu'autant qu'elle prenne leur propre autorité pour base en quelque sorte. —— Elle ne sert non plus aux prêtres, qu'en ce qu'elle consulte leurs intérêts : il faut qu'ils fassent eux-mêmes une partie considérable du système. —— Voilà le mystère de l'union si constante de l'église, et de l'état parfaitement éclairci. —— L'un et l'autre sont de la création des hommes; l'un et l'autre tiennent à la tyrannie.

L'homme, en supposant que sa croyance en l'Etre-Suprême fut assez forte et assez étendue, l'homme, dis-je, baseroit sa vie morale sur cette croyance. —— Il trouveroit en lui-même et en Dieu, d'assez puissans motifs pour ne pas faire ce qui ne sauroit être caché ni à l'un, ni à l'autre. —— Afin de donner à la croyance sa pleine et entière force, il faut qu'elle agisse seule; c'est ce qui constitue le *déisme*. — Mais si, au contraire, une partie du tout-puissant est dépeinte sous la forme d'un homme mourant, et l'autre sous celle d'une colombe, il est impossible que notre croyance s'attache à de pareilles futilités. (1)

Il a été de l'intérêt de l'église chrétienne, et de tous les sectes quelconques, de priver l'homme de la connoissance de son créateur; de même qu'il a été de celui des divers gouvernemens de le priver de la connoissance de ses droits. — Ces deux systèmes, également faux, sont faits pour se prêter un mutuel appui. — L'étude de la théologie, telle qu'on la fait aujourd'hui, n'est fondée sur rien; elle n'est basée sur aucuns principes; elle n'est guidée par aucune autorité; elle n'a aucune donnée; elle ne démontre rien, et ne nous permet de faire aucune conclusion. — Il n'existe aucune science sans principes qui lui servent de bases; il n'en est pas ainsi de la théologie chrétienne; donc elle ne doit pas être réputée science.

Au lieu de nous attacher à cette prétendue science qui se puise dans la Bible et le testament, dont la fausseté est évidente, étudions le livre de la création. — Les principes de cet ouvrage sont éternels. — Ils servent de bases à toutes les sciences; ils sont par conséquent celle de la théologie. — Nous ne pouvons connoître Dieu que par ses ouvrages. — Nous ne parvenons à la connois-

(1) Le livre dit de *Mathieu* nous apprend, au ch. III. vers. 16, que « l'Esprit descendit en colombe ». — Il auroit pu dire en forme de dindon, ces oiseaux sont également innocens. — Le conte n'auroit été ni plus, ni moins ridicule. — Le chap. II. vers. 2 et 3 des actes des apôtres dit que « l'Esprit descendit en vent impétueux, et sous forme de langues de feu qui se partagèrent ». — Ce sont absolument des contes d'enfans.

sance d'un attribut quelconque, qu'à l'aide de quelque principe qui y mène. —— Nous n'aurons qu'une idée confuse de Dieu et de sa puissance, si nous n'avons aucun moyen d'en calculer toute l'étendue. —— Nous ne connoîtrons sa sagesse qu'en nous formant une idée de l'ordre et de la manière dont elle agit. —— Les principes de la science mènent à ces connoissances ; car le créateur de l'homme l'est en même-temps de la science ; et ce n'est que par son secours que l'homme pourra voir l'Etre-Suprême, pour ainsi dire, face-à-face.

L'homme qui seroit placé de manière à contempler la structure de l'univers, les mouvemens des planètes, la cause de leurs apparences diverses, l'ordre invariable dans lequel elles meuvent, la connection qui existe entre elles, les lois qui les gouvernent, auroit une idée bien plus étendue que celle que lui donneroit la théologie de l'Eglise, de la sagesse, et de la toute puissance du créateur. —— Il verroit alors que toutes les connoissances humaines qui font le charme de notre vie, se dérivent de cette source. Son esprit, élevé par ce sublime coup-d'œil, convaincu par le fait positif, franchiroit à-la-fois les bornes de la connoissance humaine, et celles de la reconnoissance ordinaire des hommes, pour tous les bienfaits du créateur ; son culte religieux iroit de pair avec l'amélioration de son esprit et de son cœur ; l'étude à laquelle il s'adonneroit, qui comme l'agriculture, la science ou les arts méchaniques, auroit quelque connection avec les principes de la création ; lui apprendroit mieux à connoître son Dieu ; lui feroit sentir combien il lui doit, infiniment mieux que le meilleur sermon possible. —— Les grands objets donnent de grandes idées ; la grande bonté excite une reconnoissance également grande ; tandis que les misérables contes de la Bible et du Nouveau Testament ne sont propres qu'à faire naître le mépris.

Quoique l'homme ne sauroit parvenir à cet état de perfection que je viens de dépeindre, il est cependant à même d'en sentir toute la grandeur, parce qu'il a connoissance des principes sur lesquels la création est organisée.

Rien n'est plus facile et plus commun que de faire l'esquisse en petit des grands ouvrages. —— Il ne le seroit pas moins de faire celle de la création. —— Les principes qui nous mettent à même de mesurer un pied ou un arpent de terre, nous serviront également pour mesurer l'espace le plus immense. —— Le cercle d'un pouce de diamètre, et le cercle qui seroit assez grand pour entourer l'univers, ont l'un et l'autre les mêmes propriétés géométriques.

Le triangle à l'aide duquel nous tracerons sur le papier la route d'un vaisseau, nous aidera de même à le faire sur le vaste Océan. —— Ce même moyen, appliqué aux corps célestes, déterminera à une minute près le temps d'une éclipse, malgré que les corps célestes soient éloignés de plusieurs milliers de lieues. —— Ces connoissance sont d'extraction divine; l'homme les puise dans la Bible de la création, et non dans celle de l'église, qui ne peut rien nous appprendre. —— (1)

---

(1) Les rédacteurs ou compositeurs de la Bible ont essayé, au chapitre 1 du livre de Genère, de nous donner un détail de la création; ils n'ont rien fait, que de nous prouver leur propre ignorance. —— Il se passe trois jours et trois nuits avant l'existence du soleil, qui produit par son lever et son coucher, le soir et le matin, le jour et la nuit. —— L'idée de faire dire au tout-puissant « que des corps de lumière soient faits » est bien puérile et bien petit. —— Elle ressemble au ton imposant que prend l'escamoteur, qui dit, en s'addressant à ses goblets —— Allons, zest, partez »; l'idée en est, peut-être, copiée : Moyse et sa baguette ressemblent à l'escamoteur qui a aussi la

Toutes les idées que l'homme a de la science et de la mécanique, idées à l'aide desquelles il rend son existence supportable et douce, et sans lesquelles il n'y auroit presque aucune ligne de démarcation entre l'homme et l'animal ; toutes ces idées, dis-je, prirent naissance dans la grande machine, dans le sublime travail de l'univers.

Les observations répétées et constantes de nos ancêtres, sur les mouvemens et les révolutions des corps célestes, dans les siècles passés, nous ont conduits au point où nous en sommes aujourd'hui dans la science de l'astronomie. — Nous ne devons pas ces connoissances à Moyse et aux prophètes, ni à Jésus-Christ et ses disciples. — Le tout-puissant a été le premier mécanicien, il a été le premier philosophe, il a le premier enseigné toutes les sciences. — Apprenons donc à respecter et à honorer notre maître ; n'oublions pas non plus les travaux de nos ancêtres. —

En supposant que l'homme ignorât encore aujourd'hui la mécanique, en supposant qu'il pût, comme je l'ai dit déjà, jetter un coup-d'œil sur celle de l'univers, il acquéreroit sur-le-champ quelques idées de mécanique, qui, peu-à-peu, se développeroient.

Il auroit encore une idée, à la vérité, moins exacte de la chose, si l'on lui mettoit entre les mains une sphère

---

sienne. — *Longin* dit dit que cette expression est sublime. — Par la même raison, celle de l'escamoteur ne l'est pas moins, car elle est, sous tous les points-de-vue, la même. — Lorsque les auteurs et les savans parlent du *sublime*, ils ne voyent souvent pas combien il approche de ce qui est ridicule et absurde. — Une grande partie du sublime et du beau de *Burke*, ressemble à un moulin à vent que cache un brouillard ; l'imagination le convertit en montagne, en géant, ou en corps tout différent d'un moulin, par sa forme et sa grandeur.

— De pareils objets le rendroient bien plus utile à ses concitoyens, lui donneroient une plus exacte connoissance de l'Etre-Suprême, et le rendroient en proportion plus reconnoissant envers lui de toutes ses bontés, que toute la doctrine inepte de la Bible et du Nouveau Testament.

Les thèses qu'on en extrait ne peuvent produire que des discours aussi peu instructifs que les ouvrages qui leur ont servi de bases. —— Si l'homme veut prêcher, qu'il prêche, mais qu'il prenne un sujet vrai et instructif. —— Et combien n'en trouve-t-on pas dans la Bible de la création. —— Toutes les branches de la science, que ce soit celle qui enseigne la géométrie de l'univers, celle qui traite de la vie animale et végétale, ou celle qui parle des propriétés de la matière inanimée ; toutes ces diverses branches de science fournissent d'amples sujets de dévotion et de philosophie ; d'amélioration et de reconnoissance proportionnée à cette amélioration, peut-être l'on dira que si une pareille révolution dans les systèmes de religion arrivoit, tout prédicateur, tout ministre deviendroit philosophe ; assurément, et non-seulement cela, mais encore chaque église, chaque maison de dévotion deviendroit une école où l'on enseigneroit la science. ——

C'est parce que nous avons perdu de vue les lois immuables de la vérité, c'est parce que nous avons entouré d'un nuage le flambeau de la raison ; en un mot, c'est parce que l'on a établi ce qu'on appelle une religion révélée, que tant de systèmes dérogatoires à la toute puissance et à la toute sagesse du créateur ont été inventés. —— Les juifs l'ont rendu assassin, afin de seconder leur propre doctrine. —— Les chrétiens ont prétendu qu'il s'étoit lui-même donné la mort, afin de fonder une nouvelle religion, et de détruire celle des Juifs. ——

Mais pour rendre raison de ceci d'une manière satisfaisante à nous-même, il faut, ou supposer que sa puissance et sa sagesse sont imparfaites, ou bien que sa volonté n'est pas stable, qu'elle est variable ; admettre ceci, c'est admettre aussi qu'il est juge incompétent et foible. — Le philosophe sait que les lois de la création n'ont jamais variées à l'égard des principes de la science ou des propriétés de la matière. — Pourquoi donc imaginer qu'elles aient variées à l'égard de l'homme ?

Je finirai ici mon examen. — J'ai démontré dans le cours de cet ouvrage que la Bible et le Nouveau Testament ne sont qu'une suite d'impostures et de mensonges. — Je laisse à celui qui le pourra et qui le voudra à prouver le contraire, et à combattre les argumens et les preuves dont je me suis servi.

Quant aux reflexions qui forment la presque totalité de la dernière partie de cet ouvrage, le lecteur les pesera, les scrutera impartialement.

Il est un fait constant et invariable, c'est que dès que les opinions sont entièrement libres, soit en matières de religion ou de gouvernement, la vérité, toute la vérité paroît à la fin, elle est bientôt généralement reconnue.

FIN DE LA SECONDE PARTIE.

www.ingramcontent.com/pod-product-compliance
Lightning Source LLC
Chambersburg PA
CBHW060157100426
42744CB00007B/1066